IL LIBRO DEI NOMI

Durante la gravidanza scegli tra i più bei nomi maschili e femminili

Beatrice Desideri

Copyright © 2021 – Beatrice Desideri
Tutti i diritti riservati.

Questo documento è orientato a fornire informazioni esatte e affidabili in merito all'argomento e alla questione trattati. La pubblicazione viene venduta con l'idea che l'editore non è tenuto a fornire servizi di contabilità, ufficialmente autorizzati o altrimenti qualificati. Se è necessaria una consulenza, legale o professionale, dovrebbe essere ordinato un individuo praticato nella professione.

Non è in alcun modo legale riprodurre, duplicare o trasmettere qualsiasi parte di questo documento in formato elettronico o cartaceo. La registrazione di questa pubblicazione è severamente vietata e non è consentita la memorizzazione di questo documento se non con l'autorizzazione scritta dell'editore. Tutti i diritti riservati.

Le informazioni fornite nel presente documento sono dichiarate veritiere e coerenti, in quanto qualsiasi responsabilità, in termini di disattenzione o altro, da qualsiasi uso o abuso di qualsiasi politica, processo o direzione contenuta all'interno è responsabilità solitaria e assoluta del lettore destinatario. In nessun caso qualsiasi responsabilità legale o colpa verrà presa nei confronti dell'editore per qualsiasi riparazione, danno o perdita monetaria dovuta alle informazioni qui contenute, direttamente o indirettamente.

Le informazioni qui contenute sono fornite esclusivamente a scopo informativo e sono universali. La presentazione delle informazioni è senza contratto né alcun tipo di garanzia. I marchi utilizzati all'interno di questo libro sono meramente a scopo di chiarimento e sono di proprietà dei proprietari stessi, non affiliati al presente documento.

SOMMARIO

INTRODUZIONE 5
LETTERA A 7
LETTERA B 29
LETTERA C 36
LETTERA D 47
LETTERA E 57
LETTERA F 70
LETTERA G 80
LETTERA H 92
LETTERA I 96
LETTERA J 104
LETTERA K 108
LETTERA L 113
LETTERA M 128
LETTERA N 142
LETTERA O 150
LETTERA P 159
LETTERA Q 167
LETTERA R 169
LETTERA S 179
LETTERA T 189
LETTERA U 196
LETTERA V 199

LETTERA W 207

LETTERA X 210

LETTERA Y 211

LETTERA Z 213

INTRODUZIONE

Scegliere attentamente il nome del bambino è una delle prime responsabilità che i genitori andranno ad assumersi. Il nome verrà associato al bimbo o alla bimba per tutta la vita, pertanto, non solo ne sancisce l'identità, ma ne rappresenterà anche il carattere ed il modo in cui si relazionerà con gli altri e con il mondo. Il nome può essere di fatto considerato il primo regalo verso il proprio bimbo o bimba, sarà la prima parola a cui verrà dedicato un pensiero la mattina, e la parola a cui si penserà la sera, prima di andare a dormire. In breve, il compito del genitore è quello di scegliere il nome del proprio figlio con cura e amore, perché sarà una delle poche cose che gli rimarranno per tutta la vita.

Facciamo innanzitutto chiarezza su ciò che detta la legge italiana (decreto n°396/2000 art. 34-35), in modo da togliere ogni eventuale dubbio ai neo genitori.

- sono ammessi al massimo tre nomi: la legge dice che il nome imposto al bambino deve corrispondere necessariamente al sesso e può essere composto da uno o più elementi onomastici, anche separati, purché non siano superiori a tre;
- è vietato: la legge vieta di imporre al bambino lo stesso nome del padre, un fratello od una sorella viventi, un cognome come nome, nomi ridicoli o vergognosi. Se il nome scelto non è ritenuto adeguato, l'anagrafe può fare una segnalazione al Procuratore della Repubblica che, a sua discrezione, può decidere, se ritiene il nome davvero inaccettabile, di intervenire con un'istanza alla prefettura;
- sono ammessi nomi stranieri: la legge ammette di imporre i nomi stranieri ai bambini aventi la cittadinanza italiana purché siano espressi in lettere dell'alfabeto italiano (con estensione alle lettere "J, K, X, Y, W"), e, dove possibile, anche con i segni diacritici propri dell'alfabeto della lingua di origine del nome.

Se, dopo la lettura, ci saranno ancora dubbi o indecisioni, non occorre allarmarsi. Piuttosto è preferibile creare una rosa di due o tre nomi ed aspettare che il bambino nasca. Sarà lui stesso a suggerire la risposta giusta.

LETTERA A

ARONNE
Aronne è la forma italiana del nome maschile inglese "Aaron". Il nome potrebbe derivare dall'ebraico "Aharon" col significato di "brillante, illuminato", anche se la sua etimologia resta dubbia. Chi porta questo è una persona stravagante e divertente, curioso per tutto ciò che non conosce.
Caratteristiche: stravagante, indipendente, curioso
Origine: Braica
Varianti maschili: Arron
Varianti femminili: Aaren
Numero portafortuna: 2
Colore: Rosso
Pietra Simbolo: Pirite
Metallo: Oro
Onomastico: 1° luglio
Segno zodiacale corrispondente: Gemelli

ACHILLE
L'etimologia di questo nome è controversa, si è propensi per la derivazione dal greco "Achilleus" che significa "senza labbra" in riferimento all'eroe omerico che non avrebbe mai succhiato il latte materno. Il nome potrebbe anche significare "bruno, scuro". L'uomo che porta questo nome è forte e valoroso, fortemente attaccato ai propri valori.
Origine: Greca
Varianti maschili: Achilio, Achilleo
Varianti femminili: Achillea
Numero portafortuna: 2
Colore: rosso
Pietra Simbolo: Rubino
Metallo: Ferro

Onomastico: 1° maggio
Segno zodiacale corrispondente: Gemelli

ADA
A questo nome vengono attribuite due origini etimologiche, una ebraica ed una germanica. La prima deriva dal termine ebraico "El Adah" il cui significato è "adornata dal signore"; la seconda identifica il nome come un'abbreviazione del termine "athal" ovvero "nobile". La persona che porta questo nome è elegante e composta, orgogliosa di tutto ciò che fa.
Origine: Ebraica o Germanica
Corrispettivi maschili: Ado, Addo
Varianti maschili alterate: Adino
Varianti femminili alterate: Adina
Nomi composti femminili: Adamaria, Adalisa
Numero portafortuna: 6
Colore: Verde
Pietra Simbolo: Smeraldo e Zaffiro
Metallo: Rame
Onomastico: 4 dicembre
Segno zodiacale corrispondente: Sagittario

ADELE
Questo nome, in base a diversi studi, deriva dal termine germanico "adal" il cui significato viene associato a "nobile". Secondo studi più recenti però viene attribuito, a questo nome, il significato di "luce, meraviglia". La portatrice di questo nome è una donna gioiosa e generosa, sempre disponibile.
Origine: Germanica
Varianti femminili alterate: Adelina
Ipocoristici femminili: Alina
Varianti maschili: Adelo, Adelio
Varianti maschili alterate: Adelino
Numero portafortuna: 6
Colore: Viola

Pietra Simbolo: Ametista
Metallo: Oro
Onomastico: 24 dicembre
Segno zodiacale corrispondente: Capricorno

ADRIANA/ADRIANO
Il significato di questo nome deriva dal latino Hadrianus, un vecchio clan gentilizio romano, e significa "nativo della terra di Hadria". Altri studi più recenti, invece, fanno risalire questo nome all'antica città di Atri, dove aveva origini la famiglia del famoso imperatore romano Adriano. Chi possiede questo nome ha la stoffa del leader, ha successo in tutto e sa come confortare chi ne ha bisogno.
Origine: Latina
Varianti maschili: Adreano
Varianti femminili: Adria
Numero portafortuna: 6
Colore: Blu
Pietra Simbolo: Topazio
Metallo: Platino
Onomastico: 5 marzo e 8 settembre
Segno zodiacale corrispondente: Sagittario

AGATA
Il significato etimologico di questo nome è da ricondurre al termine greco "agathos" il cui significato è "buono, gentile, nobile, valente e virtuoso" (da non confondere con il significato del nome dell'omonima pietra). La donna che porta questo nome è sfrontata, coraggiosa e molto sicura di sé.
Origine: Greca
Ipocoristici femminili: Agatina, Agatella
Nomi composti femminili: Agata Maria
Corrispettivi maschili: Agato
Ipocoristici maschili: Agatino
Numero portafortuna: 3
Colore: Verde

Pietra Simbolo: Agata
Metallo: Oro
Onomastico: 5 febbraio
Segno zodiacale corrispondente: Acquario

AGLAE (Egle)
Questo nome prettamente femminile deriva dal greco "Aglaìā" che significa "splendore". Derivante dal nome Aglaia, una delle tre grazie della mitologia greca, è presente, con le sue varianti, in numerose opere letterarie. Chi porta questo nome è indipendent, ottimista e piena di vita.
Origine: Greca
Varianti femminili: Aglaia, Egle
Numero portafortuna: 2
Colore: Rosso
Pietra Simbolo: Ametista
Metallo: Argento
Onomastico: 1° novembre
Segno zodiacale corrispondente: Scorpione

AGNESE
Questo nome deriva da origini latinizzate dal greco antico del termine "haghne" che significa "pura, casta". La persona che porta questo nome possiede un acume fuori dal comune, è originale e mette passione in tutto ciò che fa.
Origine: Greca
Varianti femminili: Ines, Agnes, Agnesina
Corrispettivi maschili: Agnesio
Numero portafortuna: 10
Colore: verde
Pietra Simbolo: Citrino
Metallo: Mercurio
Onomastico: 21 gennaio
Segno zodiacale corrispondente: Sagittario

AGOSTINA/AGOSTINO

L'origine di questo nome è fatta risalire al termine romano "Augustinus" che significa "relativo ad Augusto". Questo, in riferimento a Gaio Giulio Cesare Ottaviano Augusto primo imperatore romano che arrivò anche allo stato di deificazione. Chi porta questo nome possiede un animo nobile ed una vasta conoscenza.

Origine: Latina
Ipocoristici maschili: Ago, Tino, Dino
Ipocoristici femminili: Tina, Dina
Numero portafortuna: 1
Colore: Blu
Pietra Simbolo: Ametista
Metallo: Mercurio
Onomastico: 28 agosto
Segno zodiacale corrispondente: Vergine

AIRA

Questo e l'etimologia di questo nome è incerta. L'ipotesi più probabile è che si tratti di una variante dei nomi islamici Aaira e Ayra ai quali si attribuisce il significato di "onorevole, rispettosa". Chi porta questo nome è, solitamente, una donna gioviale, allegra e volenterosa in ogni cosa.

Origine: Araba
Varianti femminili: Ayra
Numero portafortuna: 51
Colore: Ocra
Pietra Simbolo: Topazio
Metallo: Oro
Onomastico: 1° novembre
Segno zodiacale corrispondente: Scorpione

ALAN

Questo nome è la forma inglese del nome maschile italiano "Alano", poco diffuso probabilmente a causa dell'omonimia con la razza canina. Deriva dal

bretone, con significato di "piccolo sasso" e "attraente, bello". Il portatore di questo nome è un uomo con una curiosità innata, creativo e fantasioso.
Origine: Bretone
Varianti femminili: Alana
Numero portafortuna: 8
Colore: Nero
Pietra Simbolo: Topazio
Metallo: Ferro
Onomastico: 25 novembre
Segno zodiacale corrispondente: Sagittario

ALBA
Nome di origine latina derivante dal termine "albus" che significa "bianco, brillante". La portatrice di questo nome è una donna romantica, gentile e molto dolce.
Origine: Latina
Nomi composti femminili: Alba Maria, Rosalba
Corrispettivi maschili: Albus, Albino
Numero portafortuna: 3
Colore: Bianco
Pietra Simbolo: Agata
Metallo: Argento
Onomastico: 17 gennaio
Segno zodiacale corrispondente: Sagittario

ALBERTO/ALBERTA
Questo nome deriva dal termine germanico "Alaberth" con il significato "di nobile stirpe, molto illustre". Chi porta questo nome è una persona modesta, con un'elevata intelligenza e grandi abilità.
Origine: Germanica
Varianti maschili: Ulberto, Berto, Albi, Albertino
Varianti femminili: Alberta, Albertina, Berta, Tina
Numero portafortuna: 4
Colore: Blu

Pietra Simbolo: Zaffiro
Metallo: Oro
Onomastico maschile: 15 novembre
Onomastico femminile: 6 ottobre
Segno zodiacale corrispondente: Capricorno

ALDO
Questo nome deriva dal termine germanico "ald", che significa "vecchio, esperto, saggio". In precedenza, questo nome era utilizzato solo come diminutivo di altri nomi tra cui Arnaldo, Ubaldo, Baroaldo, Teobaldo, Ildebrando e Rinaldo. Chi porta questo nome appare riservato ed austero anche se, in realtà, è sensibile e anticonvenzionale.
Origine: Latina o Germanica
Corrispettivo femminile: Alda
Varianti maschili alterate: Aldino, Alduccio
Ipocoristici maschili: Dino, Duccio
Varianti femminili alterate: Aldina
Ipocoristici femminili: Dina
Numero portafortuna: 1
Colore: Nero
Pietra Simbolo: Onice e Ossidiana
Metallo: Piombo
Onomastico: 10 gennaio
Segno zodiacale corrispondente: Acquario e Capricorno

ALESSANDRA/ALESSANDRO
Questo nome deriva dal termine greco maschile Aléxandros ed è composto dal verbo aléxein, che significa "proteggere" o "difendere", e dal sostantivo andròs, che significa "uomo". Viene quindi tradotto con la frase "difensore dei propri uomini o sudditi". Chi porta questo nome possiede le ***Caratteristiche*** tipo del condottiero ovvero sapienza, resilienza e curiosità.
Origine: Greca
Varianti maschili: Sandro, Alessandrino, Sandrino, Alexander, Alex, Axel
Varianti femminili: Sandrina, Alessandrina, Sandra, Alexandra

Numero portafortuna: 3
Colore: Verde
Pietra Simbolo: Smeraldo
Metallo: Oro
Onomastico maschile: 26 agosto
Onomastico femminile: 20 marzo
Segno zodiacale corrispondente: Bilancia

ALESSIA/ALESSIO
Questo nobile nome ha origini greche e deriva dal termine "alékso" che, a sua volta, è una derivazione della parola "aléxein", il cui significato è "colui o colei che protegge". Chi porta questo nome è una persona intraprendente, visionaria, talvolta ansiosa.
Origine: Greca
Varianti maschili: Alesso, Alessi
Varianti maschili alterate: Alessino
Ipocoristici maschili: Ale, Alex
Numero portafortuna: 7
Colore: Giallo
Pietra Simbolo: Topazio
Metallo: Bronzo
Onomastico maschile: 17 luglio
Onomastico femminile: 9 gennaio
Segno zodiacale corrispondente: Toro

ALICE
Questo nome deriva dal greco "aike" il cui significato è "del mare", quindi potrebbe essere inteso e tradotto come "creatura marina". La grande diffusione di questo nome si deve ai famosi romanzi di Lewis Carrol (Le avventure di Alice nel Paese delle Meraviglie e Attraverso lo specchio e quel che Alice vi trovò). Chi porta questo nome è esuberante e determinate, tenera al contempo.
Origine: Greca
Corrispettivo maschile: Alicio

Varianti femminili: Ali, Alicia, Aly
Numero portafortuna: 3
Colore: Giallo
Pietra Simbolo: Berillo
Metallo: Rame
Onomastico: 5 febbraio
Segno zodiacale corrispondente: Gemelli

ALIDA
Questo nome deriva dal tedesco antico e significa 'eroina, guerriera'. La donna che porta questo nome è forte, decisa e persevera nei suoi obiettivi.
Origine: Germanica
Corrispettivo maschile: Alido, Alideo
Varianti femminili: Alide, Alidea
Numero portafortuna: 7
Colore: Arancio
Pietra Simbolo: Ametista
Metallo: Bronzo
Onomastico: 26 aprile
Segno zodiacale corrispondente: Vergine

ALISIA
Questo nome può essere una variante del nome Alice, è derivato dal germanico Adelaide che significa "di nobile aspetto", o collegato al greco "alike" con il significato di "creatura del mare". La persona che porta questo nome è timida e cauta, spesso risulta arrogante.
Origine: Germanica
Corrispettivo maschile: Alisio
Varianti femminili: Alice, Alida, Alis
Numero portafortuna: 24
Colore: Giallo
Pietra Simbolo: Pirite
Metallo: Rame
Onomastico: 9 gennaio

Segno zodiacale corrispondente: Gemelli

ALTEA
Questo nome deriva dal termine greco "altheia" che significa "curativa, che guarisce", facendo riferimento alla pianta della malva, dalle proprietà curative. La portatrice di questo nome possiede una grazia ed una dolcezza fuori dal comune, sempre gentile con chi ne ha bisogno.
Origine: Greca
Corrispettivo maschile: Alteo
Variante femminile: Althea
Numero portafortuna: 4
Colore: Lilla
Pietra Simbolo: Ametista
Metallo: Ambra
Onomastico: 1° novembre
Segno zodiacale corrispondente: Cancro

ALVISE
Questo nome ha origine germanica, derivante dalle parole tedesche "Alt" e "War" che combinate insieme danno il significato di "saggio della casa". Chi porta questo nome è, solitamente, un uomo forte, ambizioso, talvolta egoista.
Origine: Germanica
Numero portafortuna: 3
Colore: Giallo
Pietra Simbolo: Rubino
Metallo: Rame
Onomastico: 1° novembre
Segno zodiacale corrispondente: Gemelli

AMALIA
Nome di origine ostrogote che significa "attia, solerte, perseverante". La persona che porta questo nome è colta, laboriosa e ferma sui suoi ideali.
Origine: Ostrogota

Variante femminile: Amelia
Numero portafortuna: 1
Colore: Bianco
Pietra Simbolo: Diamante
Metallo: Oro
Onomastico: 24 maggio
Segno zodiacale corrispondente: Gemelli

AMBRA
Questo nome deriva dal termine arabo "Anbar" e le sue origini si possono far risalire al termine omonimo che può indicare sia la pietra preziosa che il colore. Chi porta questo nome può risultare capricciosa e incostante, ma sotto questo scudo nasconde un animo sensibile.
Origine: araba
Numero portafortuna: 5
Colore: Giallo
Pietra Simbolo: Topazio
Metallo: Argento
Onomastico: 1° novembre
Segno zodiacale corrispondente: Sagittario

AMEDEO
Questo nome deriva dal latino "qui amat Deum" ovvero 'colui che ama Dio'. Chi porta questo nome è una persona imprevedibile, lunatica ma sempre sincera.
Origine: Latina
Numero portafortuna: 2
Colore: Bianco
Pietra Simbolo: Diamante
Metallo: Oro
Onomastico: 28 gennaio
Segno zodiacale corrispondente: Gemelli

AMELIA

Le origini di questo nome sono molto antiche e, secondo alcune ricerche, risalgono addirittura ad una delle dinastie gote più importante che secondo la leggenda discende, a sua volta, dal leggendario eroe "Amala" ossia "Potente". Il nome Amelia sarebbe quindi una variante o un diminutivo di quei nomi derivanti dal termine germanico "amal" il cui significato è "laboriosa, attiva, energica". Chi porta questo nome è, solitamente, una donna intraprendente e instancabile, che non si arrende mai di fronte ad un ostacolo.

Origine: Gotica
Corrispettivi maschili: Amelio
Varianti femminili: Amalia
Ipocoristici femminili: Lelia
Numero portafortuna: 13
Colore: Rosso
Pietra Simbolo: Opale e Ametista
Metallo: Bronzo
Onomastico: 5 gennaio
Segno zodiacale corrispondente: Capricorno

AMERIGO

Questo nome è di origine germanica e deriva dal termine "Haimrich" che significa "signore nella sua patria". Chi possiede questo nome, solitamente, agisce seguendo istinto e intuito, anche a costo di sbagliare.

Origine: Germanica
Numero portafortuna: 4
Colore: Giallo
Pietra Simbolo: Topazio
Metallo: Rame
Onomastico: 15 luglio
Segno zodiacale corrispondente: Sagittario

ANASTASIA
Il nome deriva dal greco "Anàstasis" e significa 'resurrezione'. Con questo nome venivano battezzate le figlie dei primi cristiani. Chi porta questo nome è una persona genuina, ironica e talvolta maliziosa.
Origine: Greca
Corrispettivi maschili: Anastasio
Varianti femminili: Anastagia
Numero portafortuna: 4
Colore: Verde
Pietra Simbolo: Smeraldo
Metallo: Rame
Onomastico: 15 aprile
Segno zodiacale corrispondente: Capricorno

ANDREA
Questo nome ha origini greche, derivato dal termine "anḗr" che sta ad indicare la mascolinità dell'uomo. Altri studi riconducono il nome Andrea alla parola "andréia". In entrambi i casi il suo significato letterale è "virilità, mascolinità". Per estensione, può anche indicare "coraggio" o "valore". Il nome Andrea in diverse lingue viene usato prettamente al femminile, mentre in Italia ha valenza prevalentemente maschile. Oltremodo, chi porta questo nome è una persona carismatica e curiosa, con uno spiccato senso di apprendimento.
Origine: Greca
Varianti maschili alterate: Andreano, Andreino, Andreuccio, Andreas
Ipocoristici maschili: Drea, Dea
Varianti femminili alterate: Andreina, Andreuccia, Andreana, Andrietta
Ipocoristici femminili: Dozza
Numero portafortuna: 6
Colore: Rosso
Pietra Simbolo: Rubino
Metallo: Argento
Onomastico: 30 novembre
Segno zodiacale corrispondente: Sagittario

ANGELA/ANGELO
Questo nome deriva dal termine latino "angelus" che fu ripreso, a sua volta, dalla parola greca "angelos". Il significato del nome è quindi "messaggero" ed è stato da sempre usato per denominare i messaggeri di Dio. Chi porta questo nome è, solitamente una persona gentile ed armoniosa, con una pace interiore ed una serenità notevole.
Origine: Latina
Varianti maschili: Angiolo, Agnolo
Varianti maschili alterate: Angelino, Angiolotto, Angiolino, Angelillo, Angioletto
Varianti femminili: Angelina, Angiola, Angelica
Nomi composti maschili: Pierangelo, Michelangelo
Nomi composti femminili: Pierangela, Michelangela
Numero portafortuna: 5
Colore: Arancione
Pietra Simbolo: Ametista
Metallo: Oro
Onomastico femminile: 15 luglio
Onomastico maschile: 27 gennaio e 11 aprile
Segno zodiacale corrispondente: Toro

ANITA
L'origine di questo nome sembra essere molto antica, è considerato infatti il diminutivo di "Anahita", ovvero "La Signora delle Acque", primordiale dea iraniana della fertilità, della saggezza, della guarigione, del nutrimento, che incrementa la prosperità di tutto il creato e ritenuta essere una delle tante manifestazioni di quell'entità venerata sotto tantissimi nomi in tutte le culture (Afrodite, Venere, Astarte, Inanna, Ishtar, Iside, Mat Zemlya, ecc.). Chi porta questo nome è uno spirito libero, dotata di una comprensione degli eventi più profonda della media.
Origine: Persiana o Ebraica
Numero portafortuna: 9
Colore: Verde
Pietra Simbolo: Lapislazzuli, Acquamarina e Smeraldo
Metallo: Rame e Oro

Onomastico: 26 luglio
Segno zodiacale corrispondente: Bilancia

ANNA
Anna deriva dal nome ebraico "Channah" il cui significato è "grazia, graziosa". Chi possiede questo nome è una persona con un forte senso di giustizia ed ordine, che difficilmente spicca in mezzo agli altri.
Origine: Ebraica
Numero portafortuna: 7
Colore: Blu
Pietra Simbolo: Zaffiro
Metallo: Oro
Onomastico: 26 luglio
Segno zodiacale corrispondente: Cancro

ANTONELLA
Questo nome è una derivante di Antonia, il quale deriva a sua volta dal gentilizio "Antonius", tradotto con il significato di "combattente". La persona che possiede questo nome è una persona dotata di grande simpatia e forza di volontà, che preferisce la pratica alla teoria.
Origine: Latina
Variante maschile: Antonello
Numero portafortuna: 6
Colore: Giallo
Pietra Simbolo: Rubino
Metallo: Ferro
Onomastico: 28 febbraio
Segno zodiacale corrispondente: Bilancia

ANTONIA/ANTONIO
Questo nome deriva dal gentilizio romano "Antonius", tratto probabilmente da un nome etrusco. Ad oggi l'etimologia non è chiara. Con molta probabilità il significato del nome Antonio è "persona che combatte". La

persona che porta questo nome ha un'indole indipendente e coraggiosa, spesso risulta suscettibile.
Origine: Latina
Varianti maschili: Antuono, Antony
Varianti maschili alterate: Antonello, Antonietto, Antoniotto, Antonino,
Ipocoristici maschili: Tonio, Toni, Tonino, Toniolo, Tonello, Nello, Nino, Totò, Anto
Varianti femminili alterate: Antonella, Antonietta, Antonina
Ipocoristici femminili: Tonia, Tonina, Nella, Nina, Anto
Nomi composti maschili: Antonmaria, Marcantonio, Pierantonio
Numero portafortuna: 6
Colore: Giallo
Pietra Simbolo: Rubino
Metallo: Ferro
Onomastico femminile: 12 maggio
Onomastico maschile: 17 gennaio e 13 giugno
Segno zodiacale corrispondente: Scorpione

ARES
Questo nome richiama il dio greco della guerra e l'etimologia assume significati diversi a seconda delle derivazioni. Dal greco "arḗ" assume il significato di "distruttore, feritore"; Dal greco "arsen" (da cui deriva anche il nome Arsenio) assume il significato di "maschio"; Dal greco "ara" o "arê" assume il significato di "preghiera, voto". Chi porta questo importante nome può avere le ***Caratteristiche:*** tipiche del Dio della guerra come astuzia ed intelligenza.
Origine: Greca
Varianti maschili: Aris
Numero portafortuna: 1
Colore: Rosso
Pietra portafortuna: Rubino
Metallo: Ferro
Onomastico: 14 dicembre
Segno zodiacale corrispondente: Capricorno

ARIA/ARIO
Questo nome è derivato dal greco "areios", ovvero il dio della guerra Ares. Secondo questa antica origine il significato del nome è pertanto "devota/o ad Ares"; è anche riconducibile però anche al termine italiano "aria", derivato invece dal greco "aer". Solitamente, chi porta questo nome è una persona sincera, che dice sempre quello che pensa e che affronta i problemi con determinazione.
Origine: Greca
Varianti maschili: Ario, Arrio, Arino, Ariello, Arietto, Ariotto, Arione
Varianti femminili: Arya
Numero portafortuna: 1
Colore: Azzurro
Pietra Simbolo: Acquamarina
Metallo: Oro
Onomastico: 1° novembre
Segno zodiacale corrispondente: Sagittario

ARIANNA
Il nome Arianna deriva dal nome greco "Ariàdne" il cui significato è "purissima" o "molto sacra". Chi porta questo nome, di solito, è una persona vivace, piena di forza e perseveranza.
Origine: Greca
Corrispettivo maschile: Arianno
Varianti maschili: Ariano
Ipocoristici femminili: Ari
Numero portafortuna: 3
Colore: Blu
Pietra Simbolo: Rubino
Metallo: Rame
Onomastico: 18 settembre
Segno zodiacale corrispondente: Sagittario

ARMANDO
Questo nome ha origini germaniche ed è composto dai termini "harja" e "mann", che significano "Uomo dell'esercito, guerriero". Chi possiede questo nome solitamente è un uomo dalle grandi potenzialità, generalmente pacato, talvolta vendicativo.
Origine: Germanica
Corrispettivo femminile: Armanda
Varianti maschili alterate: Armandino
Varianti femminili alterate: Armandina
Numero portafortuna: 3
Colore: Rosso
Pietra Simbolo: Rubino e Corniola
Metallo: Ferro
Onomastico: 1° novembre
Segno zodiacale corrispondente: Ariete

ASCANIO
Derivante dal latino "Ascànius", tratto dal greco "askànios" risulta essere un nome di etimologia incerta anche se alcuni studi gli attribuiscono il significato di "bruciato". Chi porta questo nome è una persona che combatte per le proprie cause, senza mai darsi per vinto.
Origine: Greca
Numero portafortuna: 5
Colore: Rosso
Pietra Simbolo: Rubino
Metallo: Bronzo
Onomastico: 1° novembre
Segno zodiacale corrispondente: Sagittario

ASIA
Questo nome deriva dal termine accadico "Asu" che sta ad indicare il luogo dove sorge il sole. Successivamente, sia i Greci che i Latini ripresero questo termine utilizzandolo come nome. Nella mitologia greca, infatti, Asia era il nome della madre di Prometeo, ninfa figlia di Oceano e Teti. Nel mondo

latino, invece, questo nome veniva attribuito per indicare i termini "limpida" o "trasparente". Chi porta questo nome è molto legata ai propri valori, che le permettono di creare e mantenere rapporti molto solidi con amici e parenti.
Origine: Mesopotamica
Numero portafortuna: 9
Colore: Arancione
Pietra Simbolo: Ambra
Metallo: Oro
Onomastico: 1° novembre o 19 febbraio
Segno zodiacale corrispondente: Vergine

ASSUNTA/ASSUNTO
Questo nome deriva dal termine latino "absunta", ovvero "assunta" e, per estensione, "salita al cielo" o "assunta in cielo". La persona che porta questo nome è molto premurosa ed organizzata, disinteressata in amore e dispensatrice di consigli
Origine: Latina
Corrispettivo maschile: Assunto
Varianti maschili alterate: Assuntino
Varianti femminili alterate: Assuntina
Nomi composti femminili: Maria Assunta, Mariassunta
Numero portafortuna: 5
Colore: Rosso
Pietra Simbolo: Topazio
Metallo: Mercurio
Onomastico: 15 agosto
Segno zodiacale corrispondente: Pesci

ASTRID
Questo termine risulta essere un nome femminile germanico che non ha un corrispettivo italiano: è largamente utilizzato nei paesi scandinavi e nel nord Europa in generale. Si presume che derivi dalla parola germanica "Ansitruda" traducibile in "amata da Dio". Chi porta questo nome, solitamente, è una persona sensibile, silenziosa ed ambiziosa.

Origine: Germanica
Varianti maschile: Asta, Astro
Numero portafortuna: 8
Colore: Blu
Pietra Simbolo: Zaffiro
Metallo: Argento
Onomastico: 1° novembre
Segno zodiacale corrispondente: Bilancia

ATHOS
Decisamente un nome antico fa la sua prima apparizione nella mitologia greca in età pre ellenica, dando il nome ad un gigante. Dopo essere diventato celebre, grazie alle avventure dei Tre Moschettieri narrate da A. Dumas, alcune fonti affermano che deriva dal sassone "atta" con il significato di "avo". Il portatore di questo nome è una persona estremamente sincera e leale, che si prende cura con devozione dei propri cari.
Origine: Greca, Sassone
Numero portafortuna: 6
Colore: Blu
Pietra Simbolo: Ambra
Metallo: Argento
Onomastico: 1° novembre
Segno zodiacale corrispondente: Toro

AUGUSTO
Deriva dal latino "Augustus" che significa "consacrato". Chi porta questo nome è consapevole di sé e delle proprie capacità, disdegna quindi l'adulazione altrui.
Origine: Latina
Varianti maschili: Agostino, Augustus
Varianti femminili: Augusta, Agostina
Numero portafortuna: 4
Colore: Verde
Pietra Simbolo: Smeraldo

Metallo: Ferro
Onomastico: 29 febbraio, 27 marzo, 7 maggio, 1° settembre
Segno zodiacale corrispondente: Vergine

AURA

Termine latino, derivante dal greco antico, che significa "venticello, brezza leggera". Chi porta questo nome ha una personalità artistica, genuina ed equilibrata dal punto di vista sentimentale.
Origine: Greca
Varianti maschili: Auro, Aureo
Varianti femminili: Aurea
Numero portafortuna: 20
Colore: Arancione
Pietra Simbolo: Diamante
Metallo: Argento
Onomastico: 1° novembre
Segno zodiacale corrispondente: Gemelli

AURELIO/AURELIA

Questo nome deriva da una radice sabina che significa "splendente". Chi possiede questo nome è una persona dinamica, costantemente attiva su più fronti, con una straordinaria capacità organizzative.
Origine: Latina
Varianti maschili: Aureliano, Lelio
Variante femminile: Aureliana, Lelia
Numero portafortuna: 5
Colore: Giallo
Pietra Simbolo: Topazio
Metallo: Rame
Onomastico maschile: 12 novembre
Onomastico femminile: 25 settembre
Segno zodiacale corrispondente: Acquario

AURORA

Questo nome ha numerose derivanti, dal termine latino "Aurora"; dal sabino "Ausel", nome di una divinità solare; dal termine latino "Aurum". In tutti i casi, il suo significato è "luminosa" o "brillante". Nella mitologia romana Aurora era una dea che aveva il potere di rinnovarsi giorno dopo giorno e solcava il cielo per annunciare l'arrivo del mattino. Chi possiede questo nome, risulta essere una persona gioiosa che illumina le persone che le stanno intorno regalando energia e vitalità.

Origine: Latina
Ipocoristico: Aura
Numero portafortuna: 5
Colore: Blu
Pietra Simbolo: Zaffiro
Metallo: Oro
Onomastico: 20 ottobre
Segno zodiacale corrispondente: Leone

AZZURRA

Questo nome deriva dal persiano "Azvard" e significa "che ha il colore del cielo sereno". Chi possiede questo nome risulta essere una persona cristallina, dalla sua bocca esce sempre la verità, giusta o sbagliata che sia.

Origine: Persiana
Varianti femminili: Azzurrina
Varianti maschili: Azzurro, Azzurrino
Numero portafortuna: 5
Colore: Arancio
Pietra Simbolo: Diamante
Metallo: Rame
Onomastico: 1° novembre
Segno zodiacale corrispondente: Cancro

LETTERA B

BALDO
Questo nome deriva dal danese antico "bald" che significa "audace, valoroso". Solitamente, chi possiede questo nome è una persona spavalda, non si pone limiti, vivendo la vita alla giornata, senza preoccuparsi eccessivamente delle scadenze.
Origine: Danese
Numero portafortuna: 5
Colore: Blu
Pietra Simbolo: Berillo
Metallo: Rame
Onomastico: 15 settembre
Segno zodiacale corrispondente: Toro

BARBARA
Derivante dalla parola greca "bàrbaros" il significato letterale che assume è "balbuziente" o "incapace di parlare". Questo, in riferimento ai popoli che parlavano una lingua differente da quella greca. Successivamente il termine" bàrbaros" assunse, in generale, il significato di "straniero". Chi porta questo nome è una persona che possiede una grande forza interiore, che le permette di emergere in svariati ambiti, sia professionali che familiari.
Origine: Greco
Corrispettivo maschile: Barbaro
Varianti maschili alterate: Barbarino, Barberino
Variante femminile: Barbera
Varianti femminili alterate: Barbarella, Barberina, Barbarina
Numero portafortuna: 7
Colore: Giallo
Pietra Simbolo: Berillo

Metallo: Rame
Onomastico: 4 dicembre
Segno zodiacale corrispondente: Toro

BEATRICE
Questo nome deriva dal termine latino "Beatrix" il cui significato è "colei che rende felici" o "colei che dà beatitudine". Questo nome viene ricordato soprattutto grazie a Beatrice, cantata da Dante Alighieri nella Vita Nova e nella Divina Commedia. Chi porta questo nome è una persona generalmente vanitosa, spesso si mostra gentile ma solo perché pensa che potrebbe avere un riscontro personale. Tuttavia, quando trova le persone giuste riesce a creare con queste, rapporti davvero speciali e unici.
Origine: Latina
Ipocoristico: Bice
Numero portafortuna: 6
Colore: Azzurro
Pietra Simbolo: Zaffiro
Metallo: Platino
Onomastico: 18 gennaio, 3 giugno, 17 agosto e altre date
Segno zodiacale corrispondente: Capricorno

BELINDA
Questo nome deriva dai termini sassoni "bet" e "lind" che danno il significato di "dolcemente luminosa". La persona che porta questo nome risulta essere indipendente, non ama chiedere favori e rendere conto ad altre persone.
Origine: Anglosassone
Numero portafortuna: 2
Colore: Arancio
Pietra Simbolo: Smeraldo
Metallo: Oro
Onomastico: 1° novembre
Segno zodiacale corrispondente: Capricorno

BELLA
La derivazione di questo nome viene dal latino "bellus" che significa proprio "bella". Viene donato come nome affettivo ed augurale, soprattutto tra gli israeliti. La persona che porta questo nome è dolca, sbadata ed ha il dono straordinario di piacere a tutti.
Origine: Latina
Numero portafortuna: 6
Colore: Rosa
Pietra Simbolo: Diamante
Metallo: Argento
Onomastico: 1° novembre
Segno zodiacale corrispondente: Acquario

BENEDETTO/BENEDETTA
Questo nome deriva dal termine latino "benedictus" e il suo significato letterale è "benedetto". Lo stesso termine, per estensione, si può interpretare come "augurare" o "dire bene". Nome tipicamente augurale di carattere religioso. Chi porta questo nome è una persona dotata sia di un notevole intuito che di grandi capacità riflessive.
Origine: Latina
Varianti maschili: Benito
Varianti maschili alterate: Benedettino
Ipocoristici maschili: Bettino, Benetto, Benedino, Betto
Ipocoristici femminili: Bettina, Betta
Numero portafortuna: 2
Colore: Arancione
Pietra Simbolo: Diamante
Metallo: Argento
Onomastico maschile: 11 luglio
Onomastico femminile: 4 gennaio
Segno zodiacale corrispondente: Vergine

BERENICE
Nome macedone composto da due parole, che significa "portatrice di vittoria". La tradizione popolare racconta la triste storia d'amore tra Tito l'imperatore e la giudea Berenice, regina ebrea figlia di Agrippa e Cesarea. Chi porta questo nome tende ad essere piuttosto solitaria, da poca confidenza alle persone che non conosce.
Origine: Greca
Numero portafortuna: 7
Colore: Verde
Pietra: Smeraldo
Metallo: Oro
Onomastico: 4 ottobre
Segno zodiacale corrispondente: Capricorno

BIAGIO
Questo nome deriva dall'aggettivo latino "blaesus", il cui significato è "balbuziente". La diffusione di questo nome è avvenuta probabilmente in era cristiana attraverso il culto del Santo. Chi porta questo nome è un uomo generalmente simpatico, pratico, alla mano, ottimista e intelligente.
Origine: Latina
Variante maschile: Biaggio
Varianti maschili alterate: Biagino
Variante femminile: Biagia
Varianti femminili alterate: Biagina
Numero portafortuna: 8
Colore: Giallo
Pietra Simbolo: Quarzo
Metallo: Mercurio
Onomastico: 3 febbraio
Segno zodiacale corrispondente: Pesci

BIANCA
Questo nome deriva dal termine germanico "Blank" che significa "bianco di carnagione" o "lucente". Bianca era un nome dato alle bambine che

nascevano con una pelle particolarmente chiara. Chi possiede questo nome è una donna determinata, con l'indole di una vera leader.
Origine: Germanica
Corrispettivo maschile: Bianco
Varianti maschili alterate: Bianchino, Bianchetto
Varianti femminili alterate: Bianchina, Bianchetta
Ipocoristici femminili: Bice
Nomi composti femminili: Maria Bianca, Biancamaria, Bianca Maria
Numero portafortuna: 9
Colore: Giallo
Pietra Simbolo: Topazio
Metallo: Oro
Onomastico: 14 gennaio, 9 luglio, 5 agosto
Segno zodiacale corrispondente: Cancro

BONIFACIO
Questo nome è legato al significato di persone in possesso di un "Buon Fato" o "Buon Destino". Lo stesso viene anche ricollegato al significato di "colui che opera bene" o "fa del bene". In forma inglese il nome diventa "Boniface". Usato molto spesso nel Medioevo, ma ad oggi poco diffuso.
Origine: Latino
Numero portafortuna: 1
Colore: Verde
Pietra Simbolo: Smeraldo
Metallo: Oro
Onomastico: 14 maggio
Segno zodiacale corrispondente: Gemelli

BRANDO
Nome derivante dal germanico "brant" che, in riferimento alla spada lucente che brilla, significa "risplende come il carbone ardente". Chi porta questo nome si mostra calmo e paziente, ma nasconde una grinta ed una forza non indifferenti.
Origine: Germanica

Varianti maschili: Brandino, Brandolino, Prandino, Prando
Varianti femminili: Branda, Brandina, Bandoria
Numero portafortuna: 3
Colore: Marrone
Pietra Simbolo: Diamante
Metallo: Ottone
Onomastico: 1° novembre
Segno zodiacale corrispondente: Leone

BRENDA
Questo nome di origine celtica, derivato da "Brand" il cui significato è "spada" è la forma femminile di Brendan, nome di un abate irlandese del VI secolo, che si racconta attraversò l'Atlantico con altri 17 monaci giungendo in Nord America. Il nome Brenda è stato reso famoso da Brenda Walsh, personaggio della serie televisiva "Beverly Hills 90210". La persona che porta questo nome si mostra solitamente buona, mansueta, sempre disponibile verso gli altri ma, se tradita, non perdona facilmente.
Origine: celtica
Varianti maschili: Brandon
Numero portafortuna: 15
Colore: Viola
Pietra Simbolo: Ametista
Metallo: Alluminio
Onomastico: 16 maggio
Segno zodiacale corrispondente: Pesci

BRIAN
L'origine celtica di questo nome non ha una etimologia certa. Potrebbe significare "collina, alto" dal termine "bre"; potrebbe significare "inferno" dal termine "bruaich"; potrebbe significare "nobile" dal termine "brigh" oppure "forte", dal termine "bri". In ogni caso, chi porta questo nome è una persona solare, allegra, spumeggiante, pronto a scacciare la tristezza, propria e degli altri.
Origine: Celtica

Variante maschile: Bryan
Varianti femminili: Briana
Numero portafortuna: 8
Colore: Giallo
Pietra Simbolo: Topazio
Metallo: Mercurio
Onomastico: 1° novembre
Segno zodiacale corrispondente: Bilancia

BRUNO/BRUNA
Questo dal nome di origine medievale "bruno" in riferimento al colore bruno dei capelli. Questo specifico termine deriva dal germanico "brun" il cui significato letterale è "scuro". Chi porta questo nome è una persona molto intelligente, senza limiti, ricercatore e nonostante la sua modestia eccelle in tutto ciò che fa.
Origine: Germanica
Varianti maschili alterate: Brunone, Brunello, Brunetto, Brunino
Varianti femminili alterate: Brunella, Brunetta, Brunina
Numero portafortuna: 7
Colore: Blu
Pietra Simbolo: Zaffiro
Metallo: Nichel
Onomastico: 6 ottobre
Segno zodiacale corrispondente: Acquario

LETTERA C

CALLISTO
Questo nome deriva dal termine greco "Kàllistos" che significa "bello". La mitologia greca vuole che l'Orsa Maggiore fosse in realtà la ninfa Callisto. Ancora la mitologia narra di Giove innamorato della bella ninfa con la quale ebbe un figlio, Arcade. Era, la moglie del re degli dei, accecata dalla gelosia trasformò la donna in orso, ma Giove per salvarla da morte sicura la portò tra le stelle tramutandola in costellazione. Chi porta questo nome è una persona abitudinaria, quasi pigra che non ama stravolgere la propria vita.
Origine: Greca
Numero fortunato: 8
Colore: Verde
Pietra Simbolo: Smeraldo
Metallo: Rame
Onomastico: 14 ottobre
Segno zodiacale corrispondente: Vergine

CAMILLA/CAMILLO
Derivante probabilmente da origini etrusche o fenicie venne successivamente adottato dai romani come cognomen "Camillus" per indicare fanciulli di condizione libera che assistevano il sacerdote durante i riti sacri. Da qui il suo significato di "sacerdote, partecipante a speciali cerimonie". Il portatore di questo nome è una persona irruenta e passionale, impulsiva e generosa. Spesso si scontra con chi le sta intorno ma è in grado di ammettere sempre i propri errori.
Origine: Etrusca o Fenicia
Varianti maschili: Cammillo
Ipocoristici maschili: Millo, Lillo
Varianti femminili: Cammilla, Camila
Ipocoristici femminili: Milla, Milly, Cami

Numero portafortuna: 1
Colore: Giallo
Pietra Simbolo: Topazio
Metallo: Oro
Onomastico maschile: 14 luglio
Onomastico femminile: 26 luglio
Segno zodiacale corrispondente: Leone

CARLO/CARLA

Questo nome è una derivazione del nome germanico Karl, il cui significato è "uomo libero" o "esercito". La grande diffusione del nome in Europa si ebbe grazie a sovrani franchi quali Carlo Martello, Carlo il Calvo e soprattutto Carlo Magno. Chi porta questo nome è una persona altruista, dolce, molto attenta e disponibile, timida e curiosa con un forte spirito di conoscenza.

Origine: Germanica
Forme maschili alterate: Carletto, Carlino, Carluccio
Varianti femminili: Carola
Varianti femminili alterate: Carlotta, Carlina, Carolina
Nomi composti maschili: Carlo Alberto, Carlo Felice, Carlomagno, Giancarlo
Numero portafortuna: 33
Colore: Rosso
Pietra Simbolo: Rubino
Metallo: Bronzo
Onomastico femminile: 17 agosto
Onomastico maschile: 4 novembre
Segno zodiacale corrispondente: Bilancia

CASSANDRA

Questo nome deriva dal greco "Kassandras" che significa "trionfare". Fu il nome della profetessa mai ascoltata, personaggio di Omero e Virgilio.

La persona che porta questo nome è una seduttrice molto brava, sa giocare bene le sue carte e questo la porta ad averla sempre vinta, riesce infatti ad ottenere sempre ciò che vuole.
Origine: Greca
Varianti maschili: Cassandro
Numero portafortuna: 6
Colore: Rosso
Pietra Simbolo: Rubino
Metallo: Oro
Onomastico: 1° novembre
Segno zodiacale corrispondente: Leone

CECILIA
Questo nome deriva dal latino "Caecilia", cognomen di una gens latina, che significa 'cieco'. La persona che porta questo nome è dotata di grande dinamismo, razionalità, forza e determinazione: queste particolarità le spianano la strada verso il successo.
Origine: Etrusca
Variante maschile: Cecilio
Numero portafortuna: 1
Colore: Azzurro
Pietra Simbolo: Zaffiro
Metallo: Argento
Onomastico: 22 novembre
Segno zodiacale corrispondente: Gemelli

CELESTE
Questo nome, che può essere sia maschile che femminile, deriva dal latino e significa "venuto dal cielo, abitatore del cielo". Chi detiene questo nome è di un'anima allegra, gaia, si nutre di speranze e fa grandi sogni, che cerca di realizzare un passo alla volta.
Origine: Latina
Numero portafortuna: 2
Colore: Giallo

Pietra Simbolo: Topazio
Metallo: Oro
Onomastico: 2 maggio
Segno zodiacale corrispondente: Ariete

CESARE

Nome di origine etrusca, importante a tal punto da diventare un cognome di una famiglia latina col significato di "grande". Chi porta questo nome è una persona che tende a dominare, spesso impulsiva ma che, allo stesso tempo, riesce a mantenere la calma nelle situazioni più difficili.
Origine: Etrusca
Corrispettivo femminile: Cesara
Varianti alterate maschili: Cesarino, Cesareo, Cesareo
Varianti alterate femminili: Cesarina, Cesira
Numero portafortuna: 2
Colore: Blu
Pietra Simbolo: Zaffiro
Metallo: Ferro
Onomastico: 9 dicembre
Segno zodiacale corrispondente: Gemelli

CHIARA

Il nome deriva dal termine latino "Clarus", il cui significato letterale è "chiaro" o "luminoso". Il nome fu portato al maschile da alcuni fra i primi santi della cristianità ma ben presto si diffuse al femminile soprattutto grazie alla devozione per Santa Chiara d'Assisi. Chi porta questo nome tende ad avere una propensione al dominio sugli altri e non ama ruoli di secondo piano. È comunque una persona allegra e solare che si caratterizza per le sue idee, che potrebbero risultare veramente bizzarre.
Origine: Latina
Corrispettivo maschile: Chiaro
Forme variate maschili: Claro
Varianti femminili: Clara, Clarissa
Varianti femminili alterate: Chiarina, Chiaretta, Claretta

Nomi composti: Chiarastella, Mariachiara, Maria Chiara
Numero portafortuna: 3
Colore: Verde
Pietra Simbolo: Smeraldo
Metallo: Oro
Onomastico: 11 agosto
Segno zodiacale corrispondente: Sagittario

CINZIA
Questo nome deriva dagli epiteti greci di Apollo e Artemide, latinizzati in "Cynthius" e "Cynthia". Il significato è "nativa di Cinto" o "proveniente da Cinto", posto in cui sarebbero nati i due dei. Le persone con questo nome sono molto metodiche in tutto ciò che fanno, sono sempre molto attente ai dettagli e mettono l'amore sopra ogni altro interesse.
Origine: Greca
Corrispettivo maschile: Cinzio
Numero portafortuna: 5
Colore: Viola
Pietra Simbolo: Smeraldo
Metallo: Argento
Onomastico: 1° novembre
Segno zodiacale corrispondente: Bilancia

CIRO/CIRA
Questo nome deriva dal termine greco "Kyros", proveniente dal persiano. L'etimologia di questo nome rimane tutt'oggi ignota anche se sono stati ipotizzati diversi significati come "giovane" o "lungimirante". Talvolta viene a volte associato al termine greco "kyrios", il cui significato è "signore" o "padrone". I portatori di questo nome possiedono una grande energia, emanano simpatia e sono capaci di superare ogni avversità soprattutto quando si tratta di difendere la propria famiglia.
Origine: Greca
Forme variate maschili: Cirio
Varianti maschili alterate: Cirino

Varianti femminili alterati: Cirina
Numero portafortuna: 3
Colore: Giallo
Pietra Simbolo: Topazio
Metallo: Oro
Onomastico: 31 gennaio
Segno zodiacale corrispondente: Cancro

CLARA
Nome derivante dal latino "clarus", con significato di "chiara, luminosa, famosa". Le varianti del nome possono essere Claretta, Clarice, Clarissa.
La persona che porta questo nome è una persona allegra e positiva, che sprigiona una particolare energia e ha grinta da vendere.
Origine: Latina
Varianti maschili: Claro, Chiaro
Varianti femminili: Clarissa, Claretta, Chiara
Numero portafortuna: 3
Colore: Verde
Pietra Simbolo: Smeraldo
Metallo: Oro
Onomastico: 11 agosto
Segno zodiacale corrispondente: Sagittario

CLAUDIO/CLAUDIA
Questo nome deriva dal cognome romano "Claudius", a sua volta derivante dalla nobile gens Claudia. Questo nome, dunque, è basato sul termine latino "claudus" il cui significato è "claudicante" o "zoppo, zoppicante". Studi più recenti però ritengono che il nome derivi invece dalla parola sabina "clausus" il cui significato sarebbe "famoso, celebre". Chi possiede questo nome è una persona carismatica e piena di autorevolezza, risulta spesso solare e generosa con le persone a cui tiene di più.
Origine: Latina
Varianti maschili: Clodio
Varianti maschili alterate: Claudino

Numero portafortuna: 1
Colore: Arancione
Pietra Simbolo: Berillo
Metallo: Rame
Onomastico maschile: 18 febbraio
Onomastico femminile: 20 marzo
Segno zodiacale corrispondente: Gemelli

CLELIA
Questo nome ha origini greche, il cui significato è "gloria". Fu utilizzato come cognome per una gens albana, discendente da un re di Alba, che lasciò il proprio nome legato alle famose 'fosse cleolie'. La portatrice di questo nome si presenta come un tipo audace, che osa, prende le decisioni di petto, senza pensarci troppo.
Origine: Greca
Variante maschile: Clelio
Numero portafortuna: 6
Colore: Rosso
Pietra Simbolo: Rubino
Metallo: Ferro
Onomastico: 3 settembre
Segno zodiacale corrispondente: Leone

CLEOFE
Questo nome deriva dal greco "klèos" che significa "dal volto glorioso". La sua popolarità è dovuta al fatto che a portarlo fosse una sorella di Maria Vergine, ovvero Maria Cleofe. La portatrice di questo nome è una donna sicura e determinata, con tanta forza di volontà per realizzare le proprie idee nel migliore dei modi.
Origine: Greca
Numero portafortuna: 4
Colore: Azzurro
Pietra Simbolo: Topazio
Metallo: Piombo

Onomastico: 9 aprile
Segno zodiacale corrispondente: Acquario

CLIO
Questo nome deriva da una delle nove muse dell'antichità greca, la Musa della Storia, la quale ricevette il dono della Memoria ovvero permetteva a persone o imprese illustri di essere ricordate. Per questo il significato del nome è "colei che rende celebri". Chi porta questo nome è una persona di parola, che sa farsi rispettare, difatti, in amore ed in amicizia, è molto esigente.
Origine: Greca
Numero portafortuna: 6
Colore: Azzurro
Pietra Simbolo: Ambra
Metallo: Argento
Onomastico: 1° novembre
Segno zodiacale corrispondente: Vergine

CONSUELO
Questo nome è di origine spagnola, variante del nome italiano "Consolata" che significa "consolazione". La portatrice di questo nome è una donna molto affascinante e fortunata allo stesso tempo, gentilezza e molto dolce, non conosce infatti la cattiveria.
Origine: Spagnola
Numero portafortuna: 3
Colore: Azzurro
Pietra: Berillo
Metallo: Argento
Onomastico: 20 giugno
Segno zodiacale corrispondente: Bilancia

CORDELIA

Questo nome deriva dal latino e significa "che ha cuore". La sua popolarità è dovuta alla figlia del personaggio Shakespeariano "Re Lear", che sacrifica la sua vita in favore del padre, divenendo simbolo di gentilezza, pietà e bontà femminile. Solitamente, chi porta questo nome è una donna forte, resiliente e che non porta mai rancore alle persone che le fanno del male.
Origine: Latina
Numero portafortuna: 10
Colore: Blu
Pietra Simbolo: Rubino
Metallo: Bronzo
Onomastico: 29 ottobre
Segno zodiacale corrispondente: Gemelli

CORRADO

Si suppone che questo nome ha origine dal termine latino "conradus". altri studi affermano invece che l'origine di questo nome sia germanica, derivante dai termini "kuon" e "rad", significanti "consigliere audace". Chi porta questo nome dunque è molto amato, considerato saggio e intelligente. Quando si fissa un obiettivo è capace di rinunciare a tutto pur di avere successo nella sua ricerca.
Origine: Germanica o Latina
Corrispettivo femminile: Corrada
Varianti femminili alterate: Corradina
Ipocoristici femminili: Dina
Varianti maschili alterate: Corradino
Ipocoristici maschili: Dino
Numero portafortuna: 3
Colore: Giallo
Pietra Simbolo: Topazio
Metallo: Mercurio
Onomastico: 19 febbraio
Segno zodiacale corrispondente: Ariete

COSIMO

Questo nome deriva dal greco "kòsmios" che significa "ben ordinato". Il portatore di questo nome solitamente è socievole ed espansivo, ama stare in compagnia con il difetto però della pigrizia.
Origine: Greca
Varianti maschili: Cosmo, Cosmano
Varianti femminili: Cosima
Numero portafortuna: 4
Colore: Viola
Pietra Simbolo: Ametista
Metallo: Ferro
Onomastico: 26 settembre
Segno zodiacale corrispondente: Leone

COSTANTINO

Questo nome deriva dal latino "costàntem" che significa "appartenente a Costante". Solitamente, chi possiede questo nome ama la natura, la letteratura e l'arte in generale. Si relaziona con le persone in modo onesto e sincero.
Origine: Latina
Numero portafortuna: 1
Colore: Verde
Pietra Simbolo: Smeraldo
Metallo: Rame
Onomastico: 11 marzo
Segno zodiacale corrispondente: Sagittario

CRISTIANO/CRISTIANA

Questo nome ha origine greco-latina ed è prettamente legato alla religione cattolica. Deriva dai termini latini "christianós" e "christianus", derivati, a loro volta, dal greco "kristós" o "christós" il cui significato è "unto". Chi porta questo nome è molto rispettoso di ogni forma di vita e mette dedizione in ogni cosa che fa, regalandosi grandi soddisfazioni.
Origine: Greco-Latina

Variante maschile: Christian, Cristian
Numero portafortuna: 7
Colore: Verde
Pietra Simbolo: Smeraldo
Metallo: Rame
Onomastico: 18 marzo
Segno zodiacale corrispondente: Ariete

CRISTINA
Questo nome ha due teorie diverse per quanto riguarda la sua origine. La prima lo associa ad un adattamento del nome tedesco "Christine". La seconda lo fa derivare, invece, dal nome italiano "Cristiana". Il significato rimane comunque lo stesso della derivazione latina, ovvero "appartenente a Cristo" o "seguace di Cristo". Chi porta questo nome è, solitamente, una persona allegra, intelligente e piena di interessi.
Origine: Greca o Latina
Corrispettivo maschile: Cristino
Varianti femminili: Cristiana
Numero portafortuna: 6
Colore: Verde
Pietra Simbolo: Smeraldo
Metallo: Mercurio
Onomastico: 24 luglio
Segno zodiacale corrispondente: Capricorno

LETTERA D

DAFNE
Questo nome deriva dal sostantivo greco "Ddàphne" che significa "pianta di alloro". Viene direttamente collegato alla leggenda che narra del dio Apollo, così innamorato della bellissima Dafne, che prese ad inseguirla deciso a conquistarne l'amore. Nel momento in cui stava per essere raggiunta, la ninfa Daphne preferì essere tramutata in pianta piuttosto che cedere ad un amore non desiderato. Chi porta questo nome è riflessiva, vive alla giornata e viene sempre perdonata grazie ai suoi modi gentili.
Origine: Greca
Variante maschile: Dafni
Numero portafortuna: 4
Colore: Verde
Pietra: Smeraldo
Metallo: Rame
Onomastico: 1° novembre
Segno zodiacale corrispondente: Leone

DALIA
A seconda della teoria su cui ci basiamo, questo nome può derivare dalla mitologia greca nella quale, Apollo e Diana erano anche chiamati Delio e Delia, perché nativi della città di Delo, da qui appunto la variante Dalia (significato "abitante di Delo"); oppure può derivare dal cognome del botanico svedese Anders Dahl, il quale scoprì nel 1788 il fiore della dalia, simbolo del Messico. La persona che possiede questo nome ha solitamente bisogno di affetto, di essere amata, rassicurata, protetta. Possiede un animo sensibile e compassionevole.
Origine: Greca
Numero portafortuna: 7
Colore: Blu

Pietra Simbolo: Zaffiro
Metallo: Oro
Onomastico: 1° novembre
Segno zodiacale corrispondente: Acquario

DALILA
Questo nome ha origine ebraica e significa "povera, misera, umile". Deriva dalla leggenda secondo la quale Dalila sedusse e raggirò Sansone, tagliandogli nel sonno i capelli, dove risiedeva il segreto della sua forza, e lo consegnò ai Filistei. Chi possiede questo nome è una donna portata a prendersi cura delle persone, consigliandole quando hanno bisogno di aiuto.
Origine: Ebraica
Numero portafortuna: 7
Colore: Giallo
Pietra Simbolo: Rubino
Metallo: Oro
Onomastico: 3 novembre
Segno zodiacale corrispondente: Scorpione

DAMIANO
Questo nome deriva dal greco "damazein", evoluto poi nel latino "Damianus", che significa "sottomettere, domare". Chi possiede questo nome ha come obiettivi principali fortuna e successo. È una persona generalmente appassionata alla retorica e ha saldi ideali, per i quali si batte quotidianamente. È essenzialmente un tipo intellettuale.
Origine: Greca
Variante maschile: Addamiano
Variante femminile: Damiana
Numero portafortuna: 1
Colore: Rosso
Pietra Simbolo: Rubino
Metallo: Oro
Onomastico: 26 settembre, 12 febbraio, 16 marzo, 12 aprile
Segno zodiacale corrispondente: Cancro

DANIELE/DANIELA

Questo nome deriva dall'ebraico "Daniy'el" il cui significato si può tradurre in "Dio ha così giudicato". Questo nome è fortemente legato alla tradizione biblica, per l'omonimo profeta autore di uno dei più importanti libri del Vecchio Testamento. Chi porta questo nome ha un carattere capriccioso, sa usare molto bene il suo fascino e la fortuna sembra non abbandonarlo mai.

Origine: Ebraica
Varianti maschili: Daniello, Danielo, Danilo, Daniel
Ipocoristici maschili: Dani, Lele, Nilo
Numero portafortuna: 9
Colore: Giallo
Pietra Simbolo: Topazio
Metallo: Rame
Onomastico femminile: 10 ottobre
Onomastico maschile: 21 luglio
Segno zodiacale corrispondente: Cancro

DANTE

Questo nome deriva dal verbo "durans" che significa "perseverante, essere ostinati". A rendere famoso questo nome è stato, naturalmente, Dante Alighieri, che si chiamava, per essere precisi, Durante Alighieri. Chi porta questo nome è una persona innamorata dell'idea dell'amore ma incapace di perdonare i torti subiti ingiustamente.

Origine: Latina
Variante maschile: Durante
Numero portafortuna: 8
Colore: Rosso
Pietra Simbolo: Smeraldo
Metallo: Oro
Onomastico: 11 febbraio
Segno zodiacale corrispondente: Cancro

DARIO/DARIA

Questo nome deriva dalla parola greca "Darêios" che deriva, a sua volta, dal termine persiano "Dārayavahush", tradotto come "persona che possiede il bene". Chi porta questo nome è una persona piena di energia e ottimismo che si alternano, però, a momenti di inquietudine e pessimismo.

Origine: Persiana
Varianti maschili alterate: Addario
Numero portafortuna: 6
Colore: Bianco
Pietra Simbolo: Diamante
Metallo: Oro
Onomastico femminile: 25 ottobre
Onomastico maschile: 19 dicembre
Segno zodiacale corrispondente: Pesci

DAVIDE

Di origine biblica, questo nome deriva dall'ebraico "Dawid" il cui significato, per estensione, si può interpretare come "amato da Dio". Chi porta questo nome è una persona intelligente, curioso e solitamente molto generoso.

Origine: Ebraica
Corrispettivo femminile: Davida
Varianti maschili: Davidde, Davizzo
Ipocoristici maschili: Davino
Numero portafortuna: 4
Colore: Blu
Pietra Simbolo: Diamante
Metallo: Oro
Onomastico: 29 dicembre
Segno zodiacale corrispondente: Ariete

DEBORA
Questo nome deriva dall'ebraico "Deborah", il cui significato letterale è "ape". Chi possiede questo nome è una persona ironica, giusta e con una grande audacia.
Origine: Ebraica
Varianti femminili: Deborah
Numero portafortuna: 3
Colore: Arancione
Pietra Simbolo: Berillo
Metallo: Mercurio
Onomastico: 1° novembre
Segno zodiacale corrispondente: Capricorno

DELIA/DELIO
Questo nome ha origine greca e significa "chiaro, manifesto". Potrebbe però anche significare, come per il nome Dalia, abitante dell'isola di Delo, in Grecia. La persona che porta questo nome è alla ricerca costante del calore e del contatto umano, possiede infatti un animo sensibile e compassionevole.
Origine: Greca
Numero portafortuna: 7
Colore: Blu
Pietra Simbolo: Zaffiro
Metallo: Oro
Onomastico: 1° novembre
Segno zodiacale corrispondente: Acquario

DEMETRIO
Questo nome deriva dal greco "Demetrios", il quale viene ricollegato alla dea greca della fecondità Demetra. Il significato viene interpretato come "appartenente" o "relativo" alla dea stessa. Chi porta questo nome è una persona con un quoziente intellettivo superiore alla media.
Origine: Greca
Varianti maschile: Demitri
Numero portafortuna: 8

Colore: Rosso
Pietra Simbolo: Topazio
Metallo: Rame
Onomastico: 10 novembre
Segno zodiacale corrispondente: Acquario

DENIS/DENISE
Questo nome è dedicato e si origina dal nome del dio greco Dionisio, figura misteriosa che rappresenta l'aspetto inconscio e dell'istinto dell'uomo. Chi porta questo nome solitamente non ama le imposizioni ma preferisce approfondire, da solo, ciò che ritiene realmente importante.
Origine: Greca
Varianti maschile: Dennis, Dionigi, Dionisio
Varianti femminili: Dionisia
Numero portafortuna: 9
Colore: Arancio
Pietra Simbolo: Pirite
Metallo: Oro
Onomastico: 9 ottobre
Segno zodiacale corrispondente: Toro

DIANA
Questo nome è tipico della tradizione classica romana derivato da "dyeu" o "dyeus", il cui significato, in entrambi i casi, è "splendente, luminoso" o "cielo, celeste". Il significato del nome quindi è "persona che porta la luce, persona splendente". Riconducibile anche alla Dea romana della caccia. Chi porta questo nome è solita avere un'indole aristocratica, tollerante, talvolta però, audace e ribelle.
Origine: Latina
Varianti femminili: Daiana
Varianti femminili alterate: Dianella, Dianina
Ipocoristici femminili: Anella, Nella, Nina
Numero portafortuna: 3
Colore: Rosso

Pietra Simbolo: Rubino
Metallo: Rame
Onomastico: 10 giugno
Segno zodiacale corrispondente: Gemelli

DILETTA
Questo nome ha origine latina e significa "amata, prescelta". Chi porta questo nome è una persona molto calma, socievole, ma riservata. Tende a non essere invadente con gli altri e richiede il medesimo trattamento dalle persone che la circondano.
Origine: Latina
Variante maschile: Diletto
Numero portafortuna: 5
Colore: Viola
Pietra Simbolo: Ametista
Metallo: Stagno
Onomastico: 8 maggio
Segno zodiacale corrispondente: Cancro

DIEGO
Questo nome deriva dal significato greco di "istruito". Chi porta questo nome è una persona allegra e simpatica ma, molto spesso tende ad oscurare un lato del proprio carattere, rivelandosi a primo impatto una persona riservata e seria.
Origine: greca
Varianti maschili: Diàgo, Dìdaco
Numero portafortuna: 9
Colore: Bianco
Pietra Simbolo: Diamante
Metallo: Argento
Onomastico: 12 novembre
Segno zodiacale corrispondente: Scorpione

DINO/DINA
Questo nome si usa generalmente come diminutivo di nomi che finiscono in -do (per esempio Rinaldo). Potrebbe però derivare dal nome ebraico "Dinah" che significa "giudizio". Chi porta questo nome si mostra timoroso, talvolta insicuro, cerca spesso il consenso degli altri, è in grado di essere scaltro e sempre disponibile a nuove esperienze.
Origine: ebraica
Numero portafortuna: 65
Colore: Blu
Pietra Simbolo: Ametista
Metallo: Ferro
Onomastico: 30 settembre
Segno zodiacale corrispondente: Leone

DOMENICO/DOMENICA
Questo nome deriva dal termine latino "dominicus", il cui significato è "del padrone", e per estensione "del Signore". Chi possiede questo nome è una persona ricca di passione e mostra un desiderio innato alla conoscenza.
Origine: Latina
Varianti maschili: Dominico
Varianti maschili alterate: Domenichino, Domenicuccio
Ipocoristici maschili: Mimmo, Menico, Micuccio, Beco, Meco, Nico, Mico, Mingo, Minguccio, Dodò, Mimì
Varianti femminili alterate: Domenichina
Ipocoristici femminili: Nica, Mimma, Mena, Mimì
Nomi composti femminili: Maria Domenica, Mariadomenica
Numero portafortuna: 5
Colore: Rosso
Pietra Simbolo: Rubino
Metallo: Oro
Onomastico femminile: 6 luglio
Onomastico maschile: 24 maggio; 4, 7 e 8 agosto
Segno zodiacale corrispondente: Capricorno

DOMIZIANO/DOMIZIANA
Questo nome ha origine latina, derivante dal "cognomen" della gens "Domitia", con il significato di "docile, tenero". Chi porta questo nome possiede un carattere tranquillo ed indipendente, serio e saggio che le permette di ricevere stima e rispetto in numerosi ambiti.
Origine: Latina
Variante femminile: Domitilla
Numero portafortuna: 3
Colore: Arancio
Pietra Simbolo: Smeraldo
Metallo: Ferro
Onomastico: 10 gennaio
Segno zodiacale corrispondente: Toro

DONATO/DONATA
Il significato di questo nome riporta appunto al nome stesso "Donato/a da Dio". Viene usato solitamente per un bimbo atteso da molto tempo. Chi porta questo nome è una persona pigra, ma che in circostanze critiche diventa intraprendente e coraggioso.
Origine: Latino
Variante maschile: Donatello
Variante femminile: Donatella
Numero portafortuna: 1
Colore: Giallo
Pietra Simbolo: Berillo
Metallo: Cromo
Onomastico femminile: 1° giugno
Onomastico maschile: 17 febbraio
Segno zodiacale corrispondente: Capricorno

DORA
Questo nome deriva dal greco "Doron" che significa "regalo". Viene spesso usato come diminutivo di nomi più complessi. La donna che porta questo nome è particolarmente attiva, determinata ed ottimista

Origine: Greca
Numero portafortuna: 2
Colore: Giallo
Pietra Simbolo: Topazio
Metallo: Mercurio
Onomastico: 1° aprile
Segno zodiacale corrispondente: Gemelli

DUILIO

Questo nome deriva dal latino "Duilius", tratto dal termine "duellum", che significa "duello". Chi possiede questo nome mostra un'elevata intelligenza e riesce solitamente a far valere le proprie ragioni anche quando è in difetto.
Origine: Latina
Variante femminile: Duilia
Numero portafortuna: 5
Colore: Verde
Pietra Simbolo: Zaffiro
Metallo: Argento
Onomastico: 1° novembre
Segno zodiacale corrispondente: Gemelli

LETTERA E

EDDA
Questo nome deriva dalla forma abbreviata del nome danese "Edvige", ovvero "Hedda", che significa "che combatte per la felicità". Chi possiede questo nome mantiene un modo di vivere positivo e gioioso, tanto da trasmettere la sua solarità anche alle persone di cui si circonda. Se istigata, può risultare permalosa.
Origine: Danese
Numero portafortuna: 10
Colore: Azzurro
Pietra Simbolo: Ametista
Metallo: Stagno
Onomastico: 15 ottobre
Segno zodiacale corrispondente: Cancro

EDERA
Una variante in inglese è "Ivy". Il nome viene ripreso proprio dalla pianta dell'edera, la quale è una pianta rampicante. Facendo riferimento alla pianta stessa, chi porta questo nome ha la caratteristica di essere una persona fedele e legata alle persone care.
Origine: Latino
Numero portafortuna: 3
Colore: Verde
Pietra Simbolo: Smeraldo
Metallo: Argento
Onomastico: 1° novembre
Segno zodiacale corrispondente: Cancro

EDOARDO

Questo nome deriva dall'antico nome anglosassone "Eadweard", composto da due parole, "ead", che significa "ricchezza, proprietà", "werd", che significa "guardiano, custode". Il significato complessivo del nome è quindi "guardiano della ricchezza". Solitamente, chi porta questo nome, è una persona in grado di trovare la soluzione per ogni problema, dunque molto intelligente ed adatta al lavoro.

Origine: Anglosassone
Corrispettivo femminile: Edoarda
Varianti maschili: Eduardo, Odoardo, Adoardo
Ipocoristici maschili: Edo
Varianti femminili: Eduarda
Numero portafortuna: 5
Colore: Rosso
Pietra Simbolo: Rubino
Metallo: Oro
Onomastico: 5 gennaio e 13 ottobre
Segno zodiacale corrispondente: Capricorno

EFREM

Questo nome, prettamente maschile, deriva dal siriaco "Aphrim" e significa "porta frutto". Il portatore di questo nome è razionale e calmo, valuta tutte le occasioni per scegliere al meglio quella giusta.

Origine: Siriaca
Numero portafortuna: 1
Colore: Viola
Pietra Simbolo: Granato
Metallo: Rame
Onomastico: 9 giugno
Segno zodiacale corrispondente: Ariete

EGIDIO
Questo nome deriva dal greco "Aighidio" che significa "figlio dell'Egeo". Si mostra come una persona di grande fascino e, anche se tende a nasconderlo, buona d'animo.
Origine: Greca
Numero portafortuna: 1
Colore: Verde
Pietra Simbolo: Smeraldo
Metallo: Mercurio
Onomastico: 1° settembre
Segno zodiacale corrispondente: Ariete

ELENA
Questo storico nome deriva dalla parola greca "helene" il cui significato letterale è "torcia, fiaccola", anche se qualcuno estende il significato a "che brilla, brillante". Il significato completo del nome è, dunque, "persona che brilla". Altri studi, invece, collegano questo nome al termine greco "Selene", il cui significato letterale è "luna". Questo nome è conosciuto soprattutto perché portato da Elena, moglie di Menelao il cui mito viene narrato nell'Iliade di Omero. Chi porta risulta essere molto sicura di sé stessa, altruista e paziente, rigida e determinata sulle proprie idee.
Origine: Greca
Corrispettivo maschile: Eleno
Varianti maschili: Elenio
Varianti femminili: Elenia
Ipocoristici femminili: Ele, Lena
Nomi composti femminili: Marilena, Mariaelena
Numero portafortuna: 4
Colore: Giallo
Pietra Simbolo: Topazio
Metallo: Oro
Onomastico: 18 agosto
Segno zodiacale corrispondente: Cancro

ELEONORA

La provenienza di questo nome segue diverse ipotesi. Nella prima ipotesi si afferma che derivi dal nome provenzale "Aliénor", riconducibile anche alla parola di origine germanica "al", che significa "tutto", od alla parola "aloi" che significa, "lega metallica". Altre ipotesi ricollegano questo nome ai greci "Elio" e "Selene". Infine, si pensa possa derivare da due termini di origine ebraica, "El" e "nur" che, insieme, significano "Dio è la mia luce". A prescindere dalle origini, chi porta questo nome è, solitamente, molto perspicace, sincera e diplomatica.
Origine: Provenzale o Germanica
Corrispettivo maschile: Eleonoro
Ipocoristici femminili: Leonora, Ele, Nora, Lora
Numero portafortuna: 8
Colore: Arancione
Pietra Simbolo: Topazio
Metallo: Oro
Onomastico: 21 febbraio
Segno zodiacale corrispondente: Gemelli

ELETTRA

Questo nome deriva dal termine greco "Elektra" e significa "bionda come l'ambra, splendente". La persona che porta questo nome è un tornado in costante movimento, piena di energia, solare ed espansiva.
Origine: Greca
Variante femminile: Elektra
Numero portafortuna: 7
Colore: Verde
Pietra Simbolo: Rubino
Metallo: Ferro
Onomastico: 1° novembre
Segno zodiacale corrispondente: Sagittario

ELIA

Questo nome deriva dall'ebraico "Eliyyahu", composto dalla parola "El" il cui significato è "Dio", e dal termine "Yah". Il significato complessivo è "il vero dio è Yahvé", anche traducibile con "Dio è il mio Signore". Questo nome è reso celebre soprattutto per merito del grande profeta Elia che nacque nel X secolo a.C. e del quale la leggenda narra del suo rapimento su "un carro di fuoco e cavalli di fuoco". Chi porta questo nome è intelligente, pieno di risorse, attento e premuroso.

Origine: Ebraica
Numero portafortuna: 3
Colore: Blu
Pietra Simbolo: Zaffiro
Metallo: Rame
Onomastico: 18 febbraio, 20 luglio
Segno zodiacale corrispondente: Acquario

ELISA

Si presume che le origini di questo nome possano essere ebraiche. Si hanno diverse ipotesi in merito alle sue radici ma, il più delle volte, viene indicato come l'abbreviazione o l'ipocoristico del nome "Elisabetta". Anche il significato del nome è incerto ma, l'ipotesi più accreditata è quella che significhi "Dio è salvezza". Chi porta questo nome è gentile, aggraziata ed educata.

Origine: Ebraica
Varianti maschili: Elisio, Lisio, Lisetto
Ipocoristici maschili: Liso
Varianti femminili: Elisia, Lisia, Lisetta
Ipocoristici femminili: Lisa, Isa, Eli
Numero portafortuna: 9
Colore: Arancione
Pietra Simbolo: Ambra
Metallo: Oro
Onomastico: 26 giugno
Segno zodiacale corrispondente: Toro

ELISABETTA
Deriva dal nome di origini ebraiche "Elisheva", composto dai termini "El", che significa "Dio", e "sheva", che significa "sette". Il significato complessivo può tradursi in "Dio è giuramento", tradotto nella forma estesa come "colui che si è impegnato per il (sacro numero) sette". Chi porta questo nome è una persona posata, divertente, seria e concentrata.
Origine: Ebraica
Numero portafortuna: 9
Colore: Arancione
Pietra Simbolo: Ambra
Metallo: Oro
Onomastico: 4 gennaio, 5 novembre, 4 e 8 luglio,
Segno zodiacale corrispondente: Toro

ELODIE
Nome francese dall'etimologia abbastanza incerta. Potrebbe derivare dal termine latino "alodis", che vuol dire "proprietà", oppure dal greco "elodiê", che vuol dire "fiori di campo". Inoltre, potrebbe essere una variante del nome visigoto "Alodia", che significa "ricchezza". La portatrice di questo nome può essere timida, dolce e buona ma non si demoralizza facilmente,
Origini: Latina o Greca
Varianti femminili Elita, Elodia, Elida
Varianti maschili: Elliot, Eliud
Numero portafortuna: 43
Colore: Rosa
Pietra Simbolo: Diamante
Metallo: Mercurio
Onomastico: 1° novembre
Segno zodiacale corrispondente: Pesci

ELSA
Questo nome deriva dal germanico "Kelza" che significa letteralmente "manico, impugnatura". Solitamente, chi possiede questo nome è una

persona attiva e volenterosa, che tende a dare il meglio di sé in ogni ambito, applicandosi con tenacia.
Origine: Germanica
Numero portafortuna: 9
Colore: Arancio
Pietra Simbolo: Ambra
Metallo: Oro
Onomastico: 4 gennaio
Segno zodiacale corrispondente: Toro

EMANUELE/EMANUELA
Questo nome deriva dall'ebraico "Immanu'el" che significa "Dio è con noi". Questo nome veniva utilizzato da Isaia per chiamare il Messia salvatore del popolo ebraico. La persona portatrice di questo nome ha un carattere introverso ma forte, è una persona generosa e fedele, sempre disposta ad aiutare gli altri.
Origine: Ebraica
Varianti maschili: Emmanuele
Ipocoristici maschili: Manuele, Manuel, Manu, Ema, Lele
Varianti femminili: Emmanuela
Ipocoristici femminili: Manuela, Ema, Manu
Numero portafortuna: 3
Colore: Arancione
Pietra Simbolo: Rubino
Metallo: Oro
Onomastico: 26 marzo
Segno zodiacale corrispondente: Vergine

EMILIO/EMILIA
Questo nome ha origine latina e significa "cortese". Chi porta questo nome si mostra come una persona dal grande carisma, intelligente, intraprendente e decisa.
Origine: Latina
Varianti maschili: Emiliano, Emil

Varianti femminili: Emilia, Emiliana, Emily, Emilie
Numero portafortuna: 8
Colore: Blu
Pietra Simbolo: Lapislazzuli
Metallo: Argento
Onomastico maschile: 28 maggio
Onomastico femminile: 2 giugno
Segno zodiacale corrispondente: Gemelli

EMMA
Questo nome è di origine germanica e deriva dal termine "Amme", che significa letteralmente "lupo", inteso anche come "nutrice". Alcuni studi però, ritengono che Emma sia un diminutivo di alcuni nomi che hanno come prefisso il termine Ermen- (per esempio Ermenegilda), con il significato di "universale, totale". Altri studi ancora, ricollegano questo nome al termine "Imme", il cui significato è "operoso, valoroso". Chi possiede questo nome è una persona sensibile, determinata, che mantiene saldi i suoi ideali.
Origine: Germanica
Numero portafortuna: 2
Colore: Giallo
Pietra Simbolo: Topazio
Metallo: Oro
Onomastico: 19 aprile
Segno zodiacale corrispondente: Bilancia

ENEA
Questo nome ha origine dal termine greco "Aineas", che significa "laudato". La sua popolarità è dovuta all'eroe troiano, figlio di Anchise e Afrodite, che, secondo la leggenda, fu il fondatore di Roma. Chi possiede questo nome è una persona dotata di grande carisma, eloquente e sempre alla ricerca di nuovi stimoli.
Origine: Greca
Numero portafortuna: 6
Colore: Giallo

Pietra Simbolo: Rubino
Metallo: Oro
Onomastico: 15 novembre
Segno zodiacale corrispondente: Pesci

ENRICO/ENRICA
Deriva dal nome di origine germanica "Haimirick" o "Heimirich", formato dalle parole "haimi", il cui significato è "casa, patria", e "rich", che significa "potente". Il significato complessivo del nome è quindi "con potere in patria" o "capo della casa, capofamiglia". Chi porta questo nome è una persona allegra, aristocratica e, a volte, può risultare un po' arrogante.
Origine: Germanica
Varianti maschili: Errico, Arrigo, Anrico
Varianti femminili: Errica
Ipocoristici femminili: Rica
Varianti femminili alterate: Enrichetta
Numero portafortuna: 9
Colore: Viola
Pietra Simbolo: Ametista
Metallo: Argento
Onomastico maschile: 13 luglio
Onomastico femminile: 15 giugno
Segno zodiacale corrispondente: Sagittario

ENZO/ENZA
Questo nome potrebbe derivare dal tedesco "Heinz", anche se, in realtà, si tratta semplicemente del diminutivo di altri nomi, che ha ormai preso il titolo di nome proprio di persona. Chi porta questo nome è una persona seria, talvolta spensierata e molto legata alla famiglia.
Origine: Tedesca
Varianti maschili: Enzio, Enzino
Varianti femminili: Enzia, Enzina
Numero portafortuna: 18
Colore: Arancio

Pietra Simbolo: Topazio
Metallo: Rame
Onomastico: 1° novembre
Segno zodiacale corrispondente: Toro

ERICA/ERIC
Questo nome ha origine dal norreno "Eiríkr", che assume il significato di "capo onorato", "capo per sempre" oppure "che regna per sempre", a seconda dei casi. Come molti altri nomi fa parte di quel gruppo di nomi derivati dai fiori. Chi porta questo nome è una persona che crede molto in sé stessa, spesso però appare come una persona pigra, in cerca una vita facile.
Origine: Norrena
Corrispettivo maschile: Erico
Varianti maschili: Erik, Erich
Varianti femminili: Erika
Numero portafortuna: 3
Colore: Viola
Pietra Simbolo: Ametista
Metallo: Oro
Onomastico: 18 maggio
Segno zodiacale corrispondente: Bilancia

ERMES
Questo nome deriva dal greco "Ermés" e significa "annunzio". Riconducibile anche ad Ermes, protettore di commercianti e di viaggiatori, dei ladri e delle greggi. Chi porta questo nome è tendenzialmente calmo e sereno, in grado di placare gli animi più irascibili, anche nelle situazioni più difficili.
Origine: Greca
Numero portafortuna: 3
Colore: Blu
Pietra Simbolo: Diamante
Metallo: Rame
Onomastico: 28 agosto
Segno zodiacale corrispondente: Vergine

EROS
Di origine greca è il nome, nella mitologia, del dio dell'amore e significa, per l'appunto, "amore". Il portatore di questo particolare nome è un sognatore, con un'immensa sensibilità che, talvolta, è motivo di sofferenza e malinconia.
Origine: Greca
Variante maschile: Heros
Numero portafortuna: 5
Colore: Verde
Pietra Simbolo: Smeraldo
Metallo: Stagno
Onomastico: 24 giugno
Segno zodiacale corrispondente: Capricorno

ESTER
Questo nome ha origine ebraica e significa "stella". Nome protagonista di uno dei libri dell'Antico Testamento. Chi porta questo nome è una persona molto altruista, dolce e pacata.
Origine: Ebraica
Varianti femminili: Esther, Esterre, Hester, Esterina
Varianti maschili: Estero, Esterino
Numero portafortuna: 3
Colore: Rosso
Pietra Simbolo: Rubino
Metallo: Rame
Onomastico: 1° luglio
Segno zodiacale corrispondente: Bilancia

ETTORE
Questo nome deriva dal termine greco "Hektor", successivamente latinizzato in "Hector", che significa "che sta saldo, che tiene forte". Questo nome deve la sua popolarità al leggendario eroe troiano, figlio di Priamo, sconfitto in duello da Achille che voleva vendicare la morte di Patroclo. Chi possiede

questo nome è generalmente una persona seria ed introversa, affettuosa nell'ambito familiare.
Origine: Greca
Corrispettivo femminile: Ettora
Varianti alterate maschili: Ettorino, Ettoruccio
Varianti alterate femminili: Ettorina
Numero portafortuna: 6
Colore: Giallo
Pietra Simbolo: Topazio
Metallo: Rame
Onomastico: 20 giugno
Segno zodiacale corrispondente: Pesci

EULALIA
Questo nome deriva dal greco "Eylalios" che significa "ben parlante". La portatrice di questo nome è una persona sensibile, intelligente, talvolta impulsiva a discapito della ragione.
Origine: Greca
Numero portafortuna: 1
Colore: Rosso
Pietra Simbolo: Rubino
Metallo: Argento
Onomastico: 12 febbraio
Segno zodiacale corrispondente: Vergine

EVA
Le origini e l'etimologia di questo nome sono incerte ma, solitamente, viene presa in considerazione la derivazione dal termine ebraico "hayah" ("vivere"), divenuto poi "eùa" in greco, "heva" in latino, il cui significato è "madre dei viventi". La portatrice di questo nome è una donna apparentemente pacata e calma ma che spesso cova sentimenti di rivalsa e ribellione.
Origine: Ebraica
Numero portafortuna: 1

Colore: Azzurro
Pietra Simbolo: Lapislazzuli
Metallo: Argento
Onomastico: 6 settembre
Segno zodiacale corrispondente: Vergine

EVELINA
Questo nome ha origine dal termine tedesco "Avila" che significa "ringraziamento per un desiderio esaudito". Chi porta questo nome solitamente è una persona intelligente, sincera e leale.
Origine: Tedesca
Varianti maschili: Evelino, Averino, Avelino, Avellino
Varianti femminili: Avelina, Evelia, Evelyn
Numero portafortuna: 6
Colore: Verde
Pietra Simbolo: Smeraldo
Metallo: Rame
Onomastico: 2 dicembre
Segno zodiacale corrispondente: Bilancia

LETTERA F

FABIANA/FABIANO
Questo nome deriva dal termine etrusco "fabius", adottato poi come cognomen gentilizio "Fabianus". Una prima ipotesi fa risalire il significato del nome al termine "faba" cioè "fava" e, per estensione, "coltivatore di fave". Successivamente, secondo un'altra ipotesi, si è ritenuto che "Fabianus" sia un patronimico derivante direttamente dal nome "Fabius" con il significato di "discendente di Fabio". Chi porta questo nome è una persona tranquilla, gentile e cortese con tutti. Molto autocritica e, spesso, punta tutto sulle proprie forze.
Origine: Etrusca
Numero portafortuna: 1
Colore: Giallo
Pietra Simbolo: Topazio
Metallo: Oro
Onomastico: 20 gennaio
Segno zodiacale corrispondente: Leone

FABIO
Questo nome, come il precedente, deriva dal termine etrusco "fabius", adottato poi come cognomen gentilizio "Fabianus". Si pensa che il significato del nome derivi dal termine "faba" cioè "fava" e, per estensione, "coltivatore di fave". Il massimo rappresentante di questo cognomen fu il generale dell'esercito romano Quinto Fabio Massimo che combatté contro Annibale nella Seconda guerra punica. Chi possiede questo nome è una persona servizievole, leggera e gentile, non superficiale.
Origine: Etrusca
Corrispettivo femminile: Fabia
Varianti alterate femminili: Fabiola
Numero portafortuna: 1

Colore: Giallo
Pietra Simbolo: Topazio
Metallo: Oro
Onomastico: 21 luglio
Segno zodiacale corrispondente: Leone

FABRIZIO/FABRIZIA

Questo nome è di origine latina, derivante dal nome gentilizio "Fabricius" che significa letteralmente "artigiano" o "lavoratore". Tuttavia, potrebbe essere di origine etrusca anche se risulta tuttora ignoto il significato. Chi porta questo nome è, generalmente, una persona indipendente ed ammaliante, che non riesce però a sottoporsi alle regole.
Origine: Latina
Varianti maschili: Fabriziano
Ipocoristici maschili: Fabri, Brizio
Varianti femminili: Fabriziana
Numero portafortuna: 2
Colore: Rosso
Pietra Simbolo: Rubino
Metallo: Mercurio
Onomastico: 22 agosto
Segno zodiacale corrispondente: Acquario

FALCO

Questo nome deriva dal termine germanico "Flake", latinizzato in Falco ed il significato è legato all'uccello rapace sinonimo di "velocità, intelligenza, astuzia". Chi porta questo nome è una persona distinta per le sue qualità comunicative e di leadership, intelligente ma, a volte, può risultare freddo nei confronti delle persone di cui si circonda.
Origine: Germanica
Varianti maschili: Falcone
Varianti alterate maschili: Falconetto
Numero portafortuna: 36
Colore: Verde

Pietra Simbolo: Smeraldo
Metallo: Ferro
Onomastico: 9 agosto
Segno zodiacale corrispondente: Sagittario

FARA
Questo nome è la versione italianizzata di "Farah" che deriva dalla parola inglese "fair" che vuol dire "bella, piacevole". La portatrice di questo nome è una donna elegante, semplice ma raffinata al tempo stesso, una persona con la testa sulle spalle che lavora duro per ottenere ciò che vuole.
Origine: Inglese
Varianti femminili: Farah, Farra, Farrah
Numero portafortuna: 3
Colore: Bianco
Pietra Simbolo: Ametista
Metallo: Argento
Onomastico: 3 aprile
Segno zodiacale corrispondente: Gemelli

FAUSTO/FAUSTA
Questo nome deriva dal termine latino favorevole, felice, fortunato. Chi porta questo nome è una persona sempre disponibile e benevola, ma molto spesso viene sovrapposta dall'ansia e dalle emozioni con maggiore facilità.
Origine: Latino
Varianti maschili: Faustino, Faustolo
Varianti femminili: Faustina, Faustola
Numero portafortuna: 1
Colore: Rosso
Pietra Simbolo: Topazio
Metallo: Mercurio
Onomastico maschile: 15 febbraio, 19 dicembre
Onomastico Femminile: 30 agosto
Segno zodiacale corrispondente: Leone

FEDERICO/FEDERICA
Questo nome ha origini germaniche, deriva infatti dal termine "frithurik", composto dalla parola "frithu", che significa "pace, sicurezza", e dalla parola "rikya", il cui significato è "potente". Il significato complessivo del nome può quindi essere tradotto in "dominatore attraverso la pace". Chi porta questo nome è una persona cupa, poco loquace, pacata, che si fida solo di chi lo conosce in tutto e per tutto.
Origine: Germanica
Varianti maschili: Federigo, Frederico, Fedrico
Ipocoristici maschili: Fede, Rico, Chicco, Fredo, Fedi
Ipocoristici femminili: Fede
Numero portafortuna: 5
Colore: Giallo
Pietra Simbolo: Diamante
Metallo: Oro
Onomastico: 27 maggio, 18 luglio
Onomastico femminile: 1° novembre
Segno zodiacale corrispondente: Vergine

FIAMMA
Questo nome, che veniva usato inizialmente come soprannome augurale, ha origini latine e possiede un significato molto trasparente, inteso come "lingua di fuoco, ardore, fonte di luce". La portatrice di questo nome è un connubio di innocenza, ambizione, sensualità e passione.
Origine: Latina
Varianti femminili alterate: Fiammetta
Numero portafortuna: 3
Colore: Blu
Pietra Simbolo: Zaffiro
Metallo: Ferro
Onomastico: 1° novembre
Segno zodiacale corrispondente: Sagittario

FILIBERTO
Questo nome ha origini germaniche e venne poi latinizzato in "Filibertus". Questo termine è composto dalle radici "filu", ovvero "molto", e "berht", ovvero "illustre" pertanto il significato complessivo del nome è "molto illustre". Chi porta questo nome è una persona generalmente elegante e raffinata, educata e riservata, che non si intromette mai negli affari altrui.
Origine: Germanica
Numero portafortuna: 9
Colore: Bianco
Pietra Simbolo: Diamante
Metallo: Argento
Onomastico: 20 agosto
Segno zodiacale corrispondente: Acquario

FILIPPO/FILIPPA
Questo nome deriva dal greco antico "Philippos", nome formato dalla parola "philos", il cui significato è "amante" o "amico", e dalla parola "hippos", che significa "cavallo". Il significato complessivo del nome è quindi "amante dei cavalli" o "amico dei cavalli". Se tramutato nella forma latina "Philippus", questo nome ha molte abbreviazioni, come, per esempio, il nome Pippo. Chi porta questo nome ha un'indole innocente e vivace, ambizioso e impulsivo, ma possiede una moralità molto alta anche se a volte pecca in umorismo.
Origine: Greca
Varianti maschili alterate: Filippino, Filippello
Ipocoristici maschili: Lippo, Pippo
Varianti femminili: Filippina
Numero portafortuna: 1
Colore: Verde
Pietra Simbolo: Smeraldo
Metallo: Ferro
Onomastico: 26 maggio
Segno zodiacale corrispondente: Acquario

FIONA

Questo nome può derivare dall'irlandese "vion", che significa "vite", oppure dalla versione femminile di "Fionn", nome che deriva dal gaelico e significa "dalla carnagione chiara" o "dai capelli biondi". Le persone che portano questo nome sono tendenzialmente sognatrici, dotate di una grande capacità affettiva che fa sentire, le persone di cui si circonda, indispensabili.
Origine: Gaelica o Irlandese
Variante maschile: Fionn
Numero portafortuna: 9
Colore: Grigio
Pietra Simbolo: Quarzo
Metallo: Rame
Onomastico: 1° novembre
Segno zodiacale corrispondente: Pesci

FIORE

Questo nome, che può essere sia maschile che femminile, è di origine fitonimica, cioè derivante da un nome della natura, di un fiore o di una pianta. L'etimologia deriva dal latino "flos, florem" che significa ovviamente fiore. Chi possiede questo nome si presenta come una persona affascinante, che non segue le convenzioni, vivendo la vita al massimo, senza pensieri e/o preoccupazioni.
Origine: Latina
Varianti maschili alterate: Fiorello, Fioretto, Fiorino
Varianti maschili composte: Fioralbo, Fiormaria, Fiorangelo
Varianti femminili: Fiora. Fleur, Flor
Varianti femminili alterate: Fiorella, Fioretta, Fiorina
Numero portafortuna: 6
Colore: Giallo
Pietra Simbolo: Topazio
Metallo: Argento
Onomastico: 31 dicembre
Segno zodiacale corrispondente: Acquario

FLAMINIO/FLAMINIA
Questo nome deriva dal cognomen romano Flaminius, basato sul termine latino sacerdotale "flamen" che significa "velo". Chi porta questo nome è, solitamente, una persona forte, che non scende a compromessi. Orgogliosa e coraggiosa, non conosce la paura.
Origine: Latina
Numero portafortuna: 1
Colore: Giallo
Pietra Simbolo: Topazio
Metallo: Oro
Onomastico: 2 maggio
Segno zodiacale corrispondente: Ariete

FLAVIA/FLAVIO
Questo nome è una continuazione del nome romano "Flavius" portato dalla gens Flavia. Questo nome si basa sul termine di origine latina "flavus" il cui significato letterale può essere inteso come "biondo" o "dorato". Una seconda ipotesi fa risalire il nome "Flavius" al termine latino "flumen", traducibile in "fiume, fluviale". Chi porta questo nome è una persona buona e con un animo puro, che si scontra però con la realtà di tutti i giorni.
Origine: Latina
Numero portafortuna: 3
Colore: Giallo
Pietra Simbolo: Topazio
Metallo: Oro
Onomastico femminile: 7 maggio
Onomastico maschile: 22 giugno
Segno zodiacale corrispondente: Bilancia

FLORA
Questo nome, di origini latine, deriva da Flora, la dea romana protettrice dei fiori e della gioventù e significa pertanto "fiore". La persona che porta questo nome è cordiale e spontanea, a cui piace circondarsi di molte persone e prendersi cura degli animali.

Origine: Latina
Varianti maschili alterate: Florio, Floro, Floretto, Florino
Varianti femminili alterate: Floria, Florisa, Floretta, Florina
Numero portafortuna: 6
Colore: Giallo
Pietra Simbolo: Topazio
Metallo: Argento
Onomastico: 24 novembre
Segno zodiacale corrispondente: Acquario

FOSCO/FOSCA

Questo nome deriva dal Cognome romano "Fuscus" che significa "scuro, bruno" e veniva attribuito a chi aveva pelle o capelli scuri. Chi porta questo nome possiede grandi doti oratorie, una forte autostima ed è sempre disponibile ad aiutare gli altri ad ottenere lo stesso.
Origine: Latina
Varianti maschili: Fusco
Varianti maschili alterate: Foscaro, Foscarino, Foscolo
Varianti femminili: Fusca
Varianti femminili alterate: Foscara, Foscarino, Foscola
Numero portafortuna: 8
Colore: Blu
Pietra Simbolo: Diamante
Metallo: Argento
Onomastico: 2 giugno
Segno zodiacale corrispondente: Cancro

FRANCESCO/FRANCESCA

Questo nome deriva dal latino medievale "Franciscus", il cui significato è "Franco" o "appartenente al popolo dei Franchi". Una seconda ipotesi attribuisce a questo nome (come per il nome Franco) il significato di "libero", per estensione, "uomo libero". Questo dovuto dal fatto che i Franchi, durante il Medioevo, erano l'unico popolo che poteva godere del

diritto di liberi cittadini. Chi porta questo nome ha bisogno di essere libero, sa ascoltare ed è sempre pronto ad aiutare tutti.
Origine: Germanica
Varianti maschili alterate: Franceschino, Francescuccio, Francescuzzo
Ipocoristici maschili: Franco, Fra, Cesco, Cecco, Cecchino, Cesto, Fresco, Chicco, Checco, Ciccio, Cuccio
Nomi composti maschili: Francesco Saverio, Francesco Maria
Varianti femminili alterate: Franceschina
Ipocoristici femminili: Franca, Cesca, Cecca, Checca, Franci, Chicca, Fra'
Numero portafortuna: 4
Colore: Blu
Pietra Simbolo: Zaffiro
Metallo: Ferro
Onomastico maschile: 4 ottobre
Onomastico femminile: 9 marzo
Segno zodiacale corrispondente: Ariete

FRIDA
Deriva dal nome tedesco "Frieda", preso dal termine "Frieden" che significa pace. La donna che porta questo nome ha una personalità aperta ma ancorata comunque ai valori tradizionali, e che vive la vita dando tutta sé stessa per il bene e la gioia degli altri.
Origine: Tedesca
Numero portafortuna: 10
Colore: Azzurro
Pietra Simbolo: Opale
Metallo: Oro
Onomastico: 1° novembre
Segno zodiacale corrispondente: Pesci

FULVIO/FULVIA
Questo nome deriva da una potente famiglia romana, la gens Fulvia, che prese questo nome dal termine latino "Fulvus" che significa "rossiccio di capelli", in riferimento proprio a questa caratteristica fisica. Chi porta questo

nome difficilmente si mette in mostra, è di fatti molto riservato e si circonda solo di poche persone fidate.
Origine: Latina
Numero portafortuna: 8
Colore: Bianco
Pietra Simbolo: Diamante
Metallo: Oro
Onomastico: 1° novembre
Segno zodiacale corrispondente: Cancro

FURIO
Questo nome deriva dal Cognomen latino "Furius", della gens originaria di Tuscolo e significa "in preda al furore". Il portatore di questo nome è un fiume in piena, che tira dritto per la sua strada sopportando tutto quello che succede, cosa spesso può essere controproducente.
Origine: Latina
Numero portafortuna: 9
Colore: Arancio
Pietra Simbolo: Rubino
Metallo: Bronzo
Onomastico: 7 maggio
Segno zodiacale corrispondente: Bilancia

LETTERA G

GABRIELE/GABRIELLA
Questo nome deriva dal nome ebraico "Gavri'el", formato dalle parole "gebher", il cui significato è "uomo", ed "El", che significa "Dio". Il significato di questo nome può quindi essere interpretato come "uomo di Dio" o "fortezza di Dio, forza di Dio". Chi porta questo nome è una persona dotata di carisma e fascino, pretenziosa e competitiva.
Origine: Ebraica
Varianti maschili: Gabbriele, Gabriello, Gabbriello
Ipocoristici maschili: Gabri, Gabrio, Lele, Gello, Bello
Varianti femminili: Gabriela, Gabbriella
Varianti femminili alterate: Gabrielina
Ipocoristici femminili: Gabria, Lella
Numero portafortuna: 9
Colore: Blu
Pietra Simbolo: Zaffiro
Metallo: Rame
Onomastico: 29 settembre
Segno zodiacale corrispondente: Sagittario

GAIA
Questo nome deriva dal termine greco "géos" il cui significato è "terra che respira". Inoltre, si pensa che questo nome possa derivare anche dal termine latino "gaius", tratto a sua volta dal sassone "gahi", che significa "d'umore allegro/vivace". Chi porta questo nome è una persona che ama l'avventura e l'adrenalina, è sempre ottimista e gioviale verso chi la circonda.
Origine: Greca
Corrispettivo maschile: Gaio
Varianti maschili: Caio
Numero portafortuna: 1

Colore: Rosso
Pietra Simbolo: Berillo
Metallo: Oro
Onomastico: 1° novembre Ognissanti
Segno zodiacale corrispondente: Leone

GELSOMINA
Questo nome rientra nella categoria dei nomi di ispirazione floreale e si pensa che derivi dal persiano "yasamen", etimologicamente parlando. La portatrice di questo nome è, solitamente, delicata e di grande fascino. Il suo pregio è il garbo, con cui affronta cose e persone.
Origine: Italiana
Numero portafortuna: 3
Colore: Blu
Pietra Simbolo: Giada
Metallo: Bronzo
Onomastico: 1° novembre
Segno zodiacale corrispondente: Vergine

GEMMA
Questo nome deriva dal latino "Gèmma" ed ha il significato di "bocciolo, germoglio", in seguito inteso invece come sinonimo di "pietra preziosa". Chi porta questo nome è una donna tutta pepe, che detesta la pigrizia. Le principali qualità che le vengono riconosciute sono la forza e la determinazione.
Origine: Latina
Numero portafortuna: 3
Colore: Verde
Pietra Simbolo: Smeraldo
Metallo: Argento
Onomastico: 14 maggio
Segno zodiacale corrispondente: Gemelli

GENNARO

Questo nome deriva dal termine di origine latina "ianuarius" e viene interpretato come "nato il mese di gennaio". Giano, da cui è derivato anche il nome del mese, era il dio bifronte romano che presiedeva alle porte e ai passaggi, all'inizio dell'anno, all'inizio del mese e a qualsiasi attività. Chi porta questo nome è persona piuttosto timida, attenta e premurosa, che impiega molto tempo a dare confidenza alle nuove persone.
Origine: Latina
Varianti maschili: Gianuario, Genuario
Varianti maschili alterate: Gennarino
Ipocoristici maschili: Rino
Varianti femminili: Gennara, Gianuaria, Genuaria
Variante femminile alterata: Gennarina
Numero portafortuna: 4
Colore: Rosso
Pietra Simbolo: Rubino
Metallo: Ferro
Onomastico: 19 settembre
Segno zodiacale corrispondente: Gemelli

GEREMIA

Questo nome biblico ha origine ebraica, deriva dal termine "Yirmeyah" e significa "esaltazione del Signore". Chi porta questo nome è una persona molto responsabile e che, solitamente, mette impegno in tutto quello che fa.
Origine: Ebraica
Varianti maschili: Jeremy, Jeremias
Numero portafortuna: 2
Colore: Rosso
Pietra Simbolo: Rubino
Metallo: Oro
Onomastico: 17 giugno
Segno zodiacale corrispondente: Capricorno

GIACOMO
Questo nome è una derivazione del nome ebraico "Ya'āqōb" citato nel libro della Genesi quando si parla del patriarca d'Israele Giacobbe figlio di Isacco e Rebecca. Sull'etimologia ed il significato ci sono diverse ipotesi ma, la più quotata è quella che sostiene che il significato di questo nome sarebbe "Dio ti protegge" o "Dio ha protetto". Chi porta questo nome è una persona lunatica ed indecisa, generosa e con degli ideali ben stabiliti.
Origine: Ebraica
Corrispettivo femminile: Giacoma
Varianti maschili: Jacomo, Giacobbe, Jacopo/Iacopo, Giaime
Varianti alterate maschili: Giacomino, Giacominuccio, Giacometto, Giacomello
Ipocoristici maschili: Mino, Como
Varianti femminili alterate: Giacomina
Numero portafortuna: 4
Colore: Rosso
Pietra Simbolo: Rubino
Metallo: Rame
Onomastico: 25 luglio
Segno zodiacale corrispondente: Gemelli

GIADA
Questo che questo nome derivi dal termine "ijada", parola spagnola che indica "fianco" e che paragonata alla pietra omonima, augura alla possedente del nome ugual bellezza. Chi porta questo nome è una persona con un carattere raro, come è rara la gemma alla quale viene paragonata, fragile, creativa e coraggiosa.
Origine: Spagnola
Numero portafortuna: 2
Colore: Verde
Pietra Simbolo: Giada
Metallo: Rame
Onomastico: 1° novembre
Segno zodiacale corrispondente: Pesci

GIANNI/GIANNA

Questo nome è la forma abbreviata del nome Giovanni/Giovanna. Anche questo nome ha origini ebraiche e ha lo stesso significato del nome Giovanni, ovvero "Dio ha avuto misericordia". Chi porta questo nome è una persona frenetica, in cerca di risposte e che aspira ad arrivare ad obiettivi irraggiungibili.

Origine: Ebraica
Varianti maschili: Giani, Gianno
Varianti alterate maschili: Giannino, Giannello, Gianello, Giannetto, Giannico
Ipocoristici maschili: Gian, Nino
Nomi composti maschili: Gianbattista, Giancarlo, Gianfranco, Gianluca, Gianluigi, Gianmarco, Gianmaria, Gianmario, Gianpaolo, Gianpiero, Gianpietro
Varianti femminili alterate: Giannina, Giannella, Giannetta
Numero portafortuna: 5
Colore: Giallo
Pietra Simbolo: Topazio
Metallo: Oro
Onomastico maschile: 24 giugno
Onomastico femminile: 30 maggio
Segno zodiacale corrispondente: Leone

GIGLIOLA

Questo nome è un adattamento italiano del nome francese "Gilles" ovvero Egidio, che significa "giovane capra". Viene spesso fatto derivare dal termine greco "lilium" ovvero giglio, pianta associata alla castità e alla purezza. La persona possedente questo nome si annoia facilmente ed accumula facilmente stress e preoccupazioni.

Origine: Greca
Numero portafortuna: 8
Colore: Azzurro
Pietra Simbolo: Lapislazzuli
Metallo: Stagno
Onomastico: 1° novembre

Segno zodiacale corrispondente: Pesci

GILDA
Questo nome si origina dalla parola tedesca "gild" che significa "valido, valente". Chi porta questo nome ha la capacità di farsi amare da tutti ma la puntualità non è tra i suoi pregi.
Origine: Germanica
Numero portafortuna: 8
Colore: Arancio
Pietra Simbolo: Pirite
Metallo: Bronzo
Onomastico: 29 gennaio
Segno zodiacale corrispondente: Cancro

GINEVRA
Questo nome di origine gallese, deriva dal termine "Gwenhwyfar" composto dalla parola "gwen", il cui significato è "puro, bianco", e dalla parola "hwyfar", il cui significato è "docile, calmo".
Si può pensare quindi che il significato complessivo del nome sia, per estensione, "persona splendente" o "persona docile". Chi porta questo nome è una persona tenace, coraggiosa e forte. Aiutata dalla sua intelligenza, è in grado di superare qualsiasi avversità.
Origine: Gallese Celtica
Numero portafortuna: 3
Colore: Blu
Pietra Simbolo: Zaffiro
Metallo: Argento
Onomastico: 2 aprile, 3 novembre
Segno zodiacale corrispondente: Sagittario

GIOELE
Questo nome ha origine dai termini ebraici "Yeho" e "El", entrambi appellativi di dio, pertanto il nome significa "Dio è Dio". Chi porta questo

nome è intelligente e perspicace, socievole e garbato, sempre pronto ad aiutare, senza doppi fini.
Origine: Ebraica
Varianti maschili: Gioiele, Gio, Gioè
Varianti femminili: Gioela, Joelle,
Numero portafortuna: 6
Colore: Blu
Pietra Simbolo: Zaffiro
Metallo: Argento
Onomastico: 13 luglio
Segno zodiacale corrispondente: Cancro

GIOIA
È una derivazione del termine latino "gaudia", il cui significato è appunto, "gioia". Chi porta questo nome è una persona spumeggiante, socievole e cordiale, che non si lascia vincere dai momenti di malinconia.
Origine: Latina
Varianti femminili: Zoia
Varianti femminili alterate: Gioietta, Gioina
Numero portafortuna: 6
Colore: Giallo
Pietra Simbolo: Diamante
Metallo: Stagno
Onomastico: 1° novembre
Segno zodiacale corrispondente: Ariete

GIORDANO/GIORDANA
Questo nome deriva dai termini ebraici "Ior" e "Dan" e significa complessivamente "che scorre presso Dan", antica città biblica. Chi porta questo nome è una persona al quanto pigra ma a cui piace intrattenere coloro che lo circondano.
Origine: Ebraica
Varianti maschili: Jordan
Varianti femminili: Jordyn

Numero portafortuna: 2
Colore: Blu
Pietra Simbolo: Smeraldo
Metallo: Rame
Onomastico: 15 settembre, 19 agosto, 17 novembre
Segno zodiacale corrispondente: Toro

GIORGIO/GIORGIA

Questo nome viene ripreso dal greco "Geőrgios", formato dalle parole "gê", il cui significato è "terra", e "érgon", che significa "lavoro, lavorare". Il significato complessivo del nome è quindi "agricoltore" o "lavoratore della terra". Chi porta questo nome è una persona egocentrica, dominante e che ha sete di potere, di successo e di conoscenza.
Origine: Greca
Varianti maschili: Georgio, Iorio
Varianti maschili alterate: Giorgione, Giorgino, Giorgetto
Ipocoristici maschili: Gino
Nomi composti maschili: Piergiorgio
Varianti femminili alterate: Giorgina, Giorgiana, Giorgetta
Ipocoristici femminili: Gina
Numero portafortuna: 4
Colore: Giallo
Pietra Simbolo: Topazio
Metallo: Rame
Onomastico maschile: 23 aprile
Onomastico femminile: 15 febbraio
Segno zodiacale corrispondente: Scorpione

GIOSUE'

Questo nome deriva dall'ebraico "Jehoa-Schiuah" che significa il "Signore salva". Chi possiede questo nome è dotato di grandi qualità che lo rendono unico, è dolce, sensibile ed attaccato ai valori familiari.
Origine: Ebraica
Numero portafortuna: 3

Colore: Rosso
Pietra Simbolo: Rubino
Metallo: Oro
Onomastico: 1° settembre
Segno zodiacale corrispondente: Leone

GIOVANNI/GIOVANNA
Questo nome deriva dalla parola ebraica "Yehōchānān", formata dai termini "Yehō" (un'abbreviazione di Yahweh), e "chānān", il cui significato è "ha avuto misericordia, ha avuto grazia". Il significato di questo nome risulta essere perciò "Dio ha avuto misericordia" o "dono di Dio". Chi porta questo nome è una persona frenetica, curiosa e intraprendente, ma spesso agisce d'impulso e si contraddice da sola.
Origine: Ebraica
Varianti maschili: Iovanni
Varianti alterate maschili: Giovannino, Giovannico
Ipocoristici maschili: Gianni, Nino, Ianni, Nanni, Vanni, Zanni
Nomi composti maschili: Giovanni Battista, Giovanni Maria
Varianti femminili: Giovannica, Giovannina, Giovannella, Ioana, Ivana
Ipocoristici femminili: Gianna, Giovi, Nanna, Nina, Vanna, Zanna
Numero portafortuna: 5
Colore: Giallo
Pietra Simbolo: Topazio
Metallo: Oro
Onomastico maschile: 24 giugno
Onomastico femminile: 30 maggio
Segno zodiacale corrispondente: Leone

GIULIO/GIULIA
Questo nome deriva dal latino "Iulius", ripreso dalla gens Iulia, nome di una nobile famiglia romana che comprendeva personaggi illustri quali Gaio Giulio Cesare. Chi porta questo nome è una persona autoritaria ma socievole, coraggiosa e fedele, sempre in cerca di nuove esperienze di vita.
Origine: Latina

Varianti maschili alterate: Giulietto, Giulino
Nomi composti maschili: Giulio Cesare
Varianti femminili alterate: Giulietta
Numero portafortuna: 4
Colore: Rosso
Pietra Simbolo: Rubino
Metallo: Bronzo
Onomastico maschile: 22 maggio, 31 gennaio, 12 aprile
Onomastico femminile: 21 maggio
Segno zodiacale corrispondente: Acquario

GIUSEPPE

Questo nome deriva dal termine ebraico "yosef", fondato sul verbo "yasaph", il cui significato è "accrescere". Per estensione, il significato del nome è quindi "egli aumenterà", inteso come augurio per la nascita di nuovi figli. Chi porta questo nome è una persona seria e autoritaria, giusta e che pretende giustizia.
Origine: Ebraica
Corrispettivo femminile: Giuseppa
Varianti maschili: Gioseffo, Giuseppo
Ipocoristici maschili: Peppe, Beppe, Pino, Peppino, Beppino
Varianti femminili: Gioseffa,
Varianti femminili alterate: Giuseppina
Ipocoristici femminili: Peppa, Beppa, Giusi, Pina, Peppina, Beppina
Numero portafortuna: 1
Colore: Rosso
Pietra Simbolo: Rubino
Metallo: Ferro
Onomastico: 19 marzo
Segno zodiacale corrispondente: Cancro

GLAUCO

Questo nome deriva dal nome greco "Glaukos", latinizzato in "Glaucus", che significa "scintillante, brillante", riferito in particolare al colore del mare. La

persona che porta questo nome è molto socievole, difficile da accontentare, ma quando viene conquistato è per sempre.
Origine: Greca
Numero portafortuna: 10
Colore: Azzurro
Pietra Simbolo: Lapislazzuli
Metallo: Oro
Onomastico: 1° novembre
Segno zodiacale corrispondente: Cancro

GLORIA
Questo nome è basato sul latino "gloria", inteso con il significato augurale di "che abbia fama e onore". La persona che possiede questo nome è molto affascinante e misteriosa, solo poche persone potranno conoscere tutte le sfaccettature del suo carattere.
Origine: Latina
Numero portafortuna: 9
Colore: Verde
Pietra Simbolo: Smeraldo
Metallo: Argento
Onomastico: 1° novembre
Segno zodiacale corrispondente: Capricorno

GRAZIA
Questo nome deriva dal nome latino "Gratia" il cui significato è "grazia", da interpretare nel senso di "bellezza" o "eleganza". Chi porta questo nome è una persona molto dolce e tenera, che risulta anche istintiva e, allo stesso tempo, fragile.
Origine: Latina
Corrispettivo maschile: Grazio
Varianti femminili alterate: Graziella
Varianti alterate maschili: Graziolo, Graziuolo
Nomi composti: Maria Grazia, Mariagrazia, Grazia Maria
Numero portafortuna: 7

Colore: Blu
Pietra Simbolo: Zaffiro
Metallo: Ferro
Onomastico: 2 luglio, 16 aprile
Segno zodiacale corrispondente: Sagittario

GUIDO
Questo nome deriva dal termine germanico "Wido", che significava "Istruito, con conoscenza". Il possedente di questo nome è una persona esuberante e spiritosa, creativa, intelligente ed ambiziosa.
Origine: Germanica
Varianti maschili: Guidone, Guittone
Varianti femminili: Guida, Guidona, Guia
Numero portafortuna: 8
Colore: Viola
Pietra Simbolo: Ametista
Metallo: Mercurio
Onomastico: 7 settembre
Segno zodiacale corrispondente: Gemelli

LETTERA H

HARRY
Questo per il nome "Enrico", questo nome è la variante medioevale del nome inglese "Henry", ma viene utilizzato anche come diminutivo di "Harold". Comunque, entrambi i nomi derivano dal germanico "Heimrich" che significa "dominatore, possente in patria". Chi porta questo nome è una persona allegra, aristocratica e, a volte, può risultare un po' arrogante.
Origine: Germanica
Varianti maschili: Henry, Harriot
Varianti femminili: Harriet
Numero portafortuna: 9
Colore: Viola
Pietra Simbolo: Ametista
Metallo: Argento
Onomastico maschile: 13 luglio
Onomastico femminile: 15 giugno
Segno zodiacale corrispondente: Sagittario

HAYLEY
Questo nome ha origine da un cognome inglese composto dai termini "heg", che significa "fieno", e "leah", ovvero "radura, prato". Il significato complessivo del nome è "campo di fieno". La portatrice di questo nome è una persona timida ma coraggiosa, con tanta forza di volontà grazie alla quale riesce sempre a raggiungere i suoi obiettivi.
Origine: Inglese
Varianti femminili: Hailey, Haylee, Hailee, Hayleigh, Haley
Numero portafortuna: 4
Colore: Azzurro
Pietra Simbolo: Acquamarina
Metallo: Ferro

Onomastico: 1° novembre
Segno zodiacale corrispondente: Gemelli

HANK
Questo nome costituisce una variante del nome medioevale inglese "Hankin", forma abbreviata di "John", il cui significato è "dono del Signore". In alcuni casi può essere utilizzato come diminutivo di "Henry" assumendo il significato di "dominatore in patria". Chi possiede questo nome è una persona dotata di grande simpatia ed ironia, permaloso nel caso in cui fosse una giornata 'NO'.
Origine: Inglese
Numero portafortuna: 5
Colore: Giallo
Pietra Simbolo: Topazio
Metallo: Oro
Onomastico: 24 giugno
Segno zodiacale corrispondente: Leone

HEIDI
Questo nome ha origine germanica, deriva infatti dalla forma abbreviata del nome tedesco "Adelheid" (Adelaide in italiano). Il suo significato è dunque "persona dai nobili modi". Chi porta questo nome è una persona spensierata e curiosa, sempre alla ricerca di nuove esperienze da fare.
Origine: Germanica
Numero portafortuna: 6
Colore: Viola
Pietra Simbolo: Ametista
Metallo: Oro
Onomastico: 5 febbraio
Segno zodiacale corrispondente: Toro

HELENA
Questo nome è la versione tedesca, olandese, scandinava e polacca di Elena, nome che deriva dal greco "Elèné" e significa "scintillante, splendente". Chi porta questo nome si distingue per la sua indole generosa, tranquilla ed abitudinaria, anche se talvolta un po' rigida.
Origine: Greca
Numero portafortuna: 4
Colore: Arancio
Pietra Simbolo: Turchese
Metallo: Platino
Onomastico: 18 agosto
Segno zodiacale corrispondente: Toro

HOLLY
Questo nome di origine inglese, deriva dal termine "hollis", ossia il nome dell'albero di agrifoglio. In riferimento proprio a questa pianta, chi porta questo appellativo sin dalla sua nascita è una persona particolarmente fortunata.
Origine: Anglosassone
Numero portafortuna: 27
Colore: Lilla
Pietra Simbolo: Ametista
Metallo: Ferro
Onomastico: 1° novembre
Segno zodiacale corrispondente: Vergine

HUGO
Questo nome ha origini germaniche e deriva dal termine "hug", il cui significato è "spirito, mente". Il significato del nome è, per estensione, "intelligente" o "persona perspicace". Chi possiede questo nome è una persona prudente e riflessiva, dotata di molta forza e volontà.
Origine: Germanica
Numero portafortuna: 9
Colore: Viola

Pietra Simbolo: Ametista
Metallo: Mercurio
Onomastico: 1° aprile
Segno zodiacale corrispondente: Acquario

LETTERA I

IDA
Questo nome ha origini germaniche e deriva dal termine "Itha" che significa "donna guerriera". La portatrice di questo nome è una persona dolce, legata alla famiglia ed è sempre disponibile ad aiutare le persone a cui vuole bene, senza pretendere niente in cambio.
Origine: Germanica
Numero portafortuna: 6
Colore: Giallo
Pietra Simbolo: Topazio
Metallo: Rame
Onomastico: 15 gennaio
Segno zodiacale corrispondente: Pesci

IGEA
Questo nome ha origine dall'antico greco "hyghìeia" che significa "salute, benessere", e da cui prende il nome la dea della salute. Chi porta questo nome possiede una grazia fuori dal comune ed ha la capacità di far star bene le persone di cui si circonda grazie alla sua presenza.
Origine: Greca
Numero fortunato: 22
Colore: Verde
Pietra Simbolo: Smeraldo
Metallo: Stagno
Onomastico: 1° novembre
Segno zodiacale corrispondente: Capricorno

IGNAZIO
Questo nome di origine latina deriva dal Cognomen romano "Egnatius", associato, a sua volta, al vocabolo latino "ignis", ossia "fuoco", mutato poi in "Igniatius". Chi possiede questo nome è una persona allegra e socievole, sempre aperta a nuove conoscenze.
Origine: Latina
Varianti femminili: Ignazia
Numero portafortuna: 9
Colore: Rosso
Pietra Simbolo: Rubino
Metallo: Oro
Onomastico: 31 luglio
Segno zodiacale corrispondente: Cancro

IGOR
Questo nome deriva dal termine russo "Ingvar", una divinità nordica, e significa "sveglio" o "avo, progenitore". Generalmente, chi porta questo nome è una persona agitata, sempre in movimento e di buon umore, con la voglia di esplorare cose nuove.
Origine: Russa
Numero portafortuna: 4
Colore: Rosso
Pietra Simbolo: Rubino
Metallo: Oro
Onomastico: 5 giugno
Segno zodiacale corrispondente: Capricorno

ILARIA/ILARIO
Questo nome deriva dal termine latino "Hilarius", a sua volta una derivazione di "hilaris" che significa "ilare, allegro". Chi porta questo nome è una persona dinamica, piena di carisma, decisa e scrupolosa.
Origine: Latina
Varianti maschili: Ilaro, Illario, Ilariano, Ilarione
Varianti maschili alterate: Ilarino

Varianti femminili: Ilary, Hilary, Hillary
Ipocoristici femminili: Rina, Ila
Varianti femminili alterate: Ilarina, Ilarietta
Numero portafortuna: 3
Colore: Rosso
Pietra Simbolo: Rubino
Metallo: Ferro
Onomastico maschile: 13 gennaio
Onomastico femminile: 31 dicembre
Segno zodiacale corrispondente: Ariete

ILDA
Questo nome deriva dal termine germanico "Hilt" che significa "guerriera". Chi porta questo nome è una donna forte, tutta di un pezzo, che riesce sempre a tenere vivo l'interesse nei suoi confronti.
Origine: Germanica
Numero portafortuna: 7
Colore: Arancio
Pietra Simbolo: Ametista
Metallo: Rame
Onomastico: 9 aprile
Segno zodiacale corrispondente: Toro

ILEANA
Questo nome deriva dal greco e significa "simile al sole". Chi porta questo nome tende ad avere particolarmente cura della propria persona, non si nega nulla ed è sempre disponibile a dispensare consigli.
Origine: Greca
Varianti femminili: Illeana
Varianti maschili: Ileano
Numero portafortuna: 6
Colore: Rosso
Pietra Simbolo: Rubino
Metallo: Ferro

Onomastico: 1° novembre
Segno zodiacale corrispondente: Toro

ILENIA

Questo nome ha origini incerte ma, secondo alcune ipotesi, potrebbe derivare dall'antico nome greco "Heléneia" o "Helénia". Alla luce di ciò potremmo associare, a questo nome, il significato di "persona brillante". Chi porta questo nome è una persona che non ama le convenzioni ma la libertà. Non disdegna infatti nuovi progetti e si getta a capofitto in imprese al limite dell'impossibile.
Origine: Greca
Varianti femminili: Ylenia, Ilena, Hilenia
Numero portafortuna: 6
Colore: Blu
Pietra Simbolo: Ametista
Metallo: Oro
Onomastico: 24 dicembre
Segno zodiacale corrispondente: Gemelli

ILVA

Questo nome è di probabile origine etrusca e significa "ferro". Riprende il nome dell'isola d'Elba, un tempo chiamata Ilva dai romani e dai liguri. La portatrice di questo nome è grintosa e coraggiosa, determinata e che combatte sempre per raggiungere i suoi obiettivi.
Origine: Etrusca
Numero portafortuna: 2
Colore: Rosa
Pietra Simbolo: Lapislazzuli
Metallo: Ferro
Onomastico: 1° novembre
Segno corrispondente: Ariete

INDRO/INDRA

Questo nome appartenente ad una divinità dell'induismo, deriva dai termini "indu", ovvero "goccia", e "ra", ovvero "che possiede". Il significato complessivo del nome è quindi "che possiede gocce di pioggia". Chi possiede questo nome è una persona dalla personalità innocente ma ambiziosa, affine a molti e con un grande senso dell'umorismo.
Origine: Indiana
Varianti femminili: Indre
Numero portafortuna: 3
Colore: Bianco
Pietra Simbolo: Rubino
Metallo: Bronzo
Onomastico: 1° novembre
Segno zodiacale corrispondente: Vergine

IOLANDA

Questo nome deriva dall'antico francese "Joland" e significa "color della viola". La portatrice di questo nome è una persona gioviale, espansiva, a volte considerata invadente.
Origine: Francese
Numero portafortuna: 4
Colore: Giallo
Pietra Simbolo: Rubino
Metallo: Rame
Onomastico: 28 dicembre
Segno zodiacale corrispondente: Vergine

IRENE

Questo nome deriva dal greco "Eirene" il cui significato letterale è "pace" e, per estensione, "tempo di pace". A portare questo nome era una delle Ore, figlia di Zeus e Temi, venerata come dea della pace e della giustizia nella mitologia greca. Chi porta questo nome è una persona che lotta, coraggiosa, allegra e vitale. A volte può essere avida.
Origine: Greca

Corrispettivo maschile: Ireno o Ireneo
Varianti maschili: Irenio, Erino
Varianti femminili: Irena, Erina
Numero portafortuna: 6
Colore: Giallo
Pietra Simbolo: Topazio
Metallo: Oro
Onomastico: 1° aprile
Segno zodiacale corrispondente: Scorpione

IRMA
Questo nome di origine germanica deriva dal nome di una divinità sassone, "Irmim", e significa, per l'appunto, "consacrata al Dio Irmin". Chi possiede questo nome è una persona dall'immenso fascino, che si lascia guidare dal cuore e dalla bontà in tutte le azioni che compie.
Origine: Germanica
Numero portafortuna: 2
Colore: Rosso
Pietra Simbolo: Rubino
Metallo: Platino
Onomastico: 24 dicembre
Segno zodiacale corrispondente: Ariete

ISACCO
Questo nome deriva dall'ebraico "Isehaq" e significa "Dio possa sorridere". Nell'antico Testamento era il figlio di Abramo. Chi porta questo nome è un tipo ambizioso, solitario e che si fida solo del proprio istinto.
Origine: Ebraica
Numero portafortuna: 5
Colore: Rosso
Pietra Simbolo: Rubino
Metallo: Oro
Onomastico: 2 aprile
Segno zodiacale corrispondente: Sagittario

ISABELLA
Questo nome ha origine nella Spagna medievale ed è una diversa forma del nome Elisabetta. Il significato è, di fatti, lo stesso, "Dio è giuramento". Chi porta questo nome è una persona molto concentrata, responsabile e seria.
Origine: Spagnola
Corrispondente maschile: Isabello
Ipocoristici femminili: Bella, Ella, Isa
Numero portafortuna: 9
Colore: Arancione
Pietra Simbolo: Ambra
Metallo: Oro
Onomastico: 4 giugno
Segno zodiacale corrispondente: Toro

ISAIA
Questo nome deriva dall'ebraico "Ysha'yah", col significato di "Dio è salvezza" oppure "Dio procura salvezza". Chi porta questo nome è dolce, sensibile, affascinato dalla natura e dall'amore verso il prossimo.
Origine: Ebraica
Numero portafortuna: 8
Colore: Celeste
Pietra Simbolo: Zaffiro
Metallo: Rame
Onomastico: 6 luglio
Segno zodiacale corrispondente: Pesci

ISIDE
Questo nome riprende quello della divinità egizia, derivante dal greco "Isis", che potrebbe forse significare "colei del trono". Il nome Iside è alla radice anche del nome Isidoro/Isidora. Chi porta questo nome è una persona rispettosa, con un alto senso del dovere e del sacrificio verso le persone vicine.
Origine: Greca
Varianti femminili: Isida, Isidea, Isis

Varianti maschili: Isido
Numero portafortuna: 5
Colore: Verde
Pietra Simbolo: Smeraldo
Metallo: Argento
Onomastico: 4 aprile
Segno zodiacale corrispondente: Toro

ITALO/ITALIA
Questo nome deriva dal latino "Italus" che significa "proveniente dall'Italia". Chi possiede questo nome è una persona molto legata alle sue origini, tranquilla, abitudinaria.
Origine: Latina
Numero portafortuna: 6
Colore: Blu
Pietra Simbolo: Ambra
Metallo: Argento
Onomastico: 19 agosto
Segno zodiacale corrispondente: Cancro

IVANO/IVANA
Questo nome deriva dal provenzale "Yvan" e significa "Dio è misericordia". Chi porta questo nome è un tipo determinato, misterioso, con interessi ben precisi e progetti ambiziosi.
Origine: Provenzale
Varianti maschili: Ivanio, Ivan, Ivanne, Ivo
Varianti femminili: Ivana, Ivania, Ivanna, Iva
Numero portafortuna: 5
Colore: Giallo
Pietra Simbolo: Topazio
Metallo: Oro
Onomastico: 8 ottobre
Segno zodiacale corrispondente: Leone

LETTERA J

JACOPO
Questo nome deriva dall'ebraico "Ya'aqov", traducibile in "Dio ha protetto". Chi porta questo nome è una persona che sa combattere, soprattutto per difendere i suoi ideali, allegra ma con pensieri che a volte la incupiscono.
Origine: Ebraica
Corrispettivo femminile: Jacopa
Varianti maschili: Iacopo, Giacobbe, Giacomo
Varianti alterate maschili: Jacopino, Jacopone
Ipocoristici maschili: Coppo, Iaco, Lapo, Pino, Bino, Puccio
Varianti femminili: Iacopa
Varianti femminili alterate: Jacopina, Jacopona
Ipocoristici femminili: Pina
Numero portafortuna: 4
Colore: Rosso
Pietra Simbolo: Rubino
Metallo: Rame
Onomastico: 25 luglio
Segno zodiacale corrispondente: Gemelli

JAGO
Questo nome, originato da un'opera letteraria di Shakespeare, può essere considerata la variante o il diminutivo di Giacomo, ed assume quindi il significato di "seguace di Dio" oppure "Dio ha protetto". Chi porta questo nome è una persona vivace, attenta e scrupoloso in ciò che fa.
Origine: Letteraria
Varianti maschili alterate: Iago, Yago, Thiago
Numero portafortuna: 3
Colore: Arancio
Pietra Simbolo: Diamante

Metallo: Rame
Onomastico: 25 luglio
Segno corrispondente: Bilancia

JACQUELINE

Questo nome è la versione femminile di "Jacques" e deriva dall'ebraico "Jaakob" che significa "seguace di Dio". Chi porta questo nome è una persona schietta, ambiziosa e risulta a volte antipatica. In realtà è molto dolce e sensibile verso le persone con le quali ha i rapporti più stretti.
Origine: Ebraica
Variante femminile: Jacquelyn
Numero portafortuna: 54
Colore: Arancio
Pietra Simbolo: Quarzo
Metallo: Alluminio
Onomastico: 25 luglio
Segno zodiacale corrispondente: Pesci

JASMINE

Questo nome deriva dal persiano "yasmin", termine usato per indicare la pianta di gelsomino. La donna che porta questo nome è delicata e mai indiscreta.
Origine: Persiana
Numero portafortuna: 3
Colore: Blu
Pietra Simbolo: Giada
Metallo: Bronzo
Onomastico: 1° novembre
Segno zodiacale corrispondente: Vergine

JENNA

Questo nome ha origine nella cultura araba e significa "paradiso". Chi porta questo nome è una persona timida, fragile e buona. Mette al primo posto amici e famiglia curandoli a volte più di sé stessa.
Origine: Araba
Varianti femminili: Jenny, Jennifer
Numero portafortuna: 7
Colore: Blu
Pietra Simbolo: Zaffiro
Metallo: Ferro
Onomastico: 30 maggio
Segno zodiacale corrispondente: Sagittario

JENNIFER

Questo nome deriva dal quello di una divinità celtica, a sua volta derivato dal normanno "Gwenhwyar", col significato di "splendente tra gli Elfi". La portatrice di questo nome è una persona forte, coraggiosa e misteriosa, che non si abbatte di fronte alle difficoltà.
Origine: Latina
Numero portafortuna: 3
Colore: Blu
Pietra Simbolo: Zaffiro
Metallo: Argento
Onomastico: 1° novembre
Segno zodiacale corrispondente: Sagittario

JESSICA

Questo nome deriva dall'ebraico "Yiskah" ripreso dai greci come "Ieskha" e dai latini come "Jesca". Il significato di questo nome potrebbe essere inteso come "osservata da Dio". La persona che porta questo nome è dotata di una forte personalità, decisa, pragmatica e amante della scena. Risulta spesso antipatica e piena di sé, ma conoscendola si dimostra tutt'altro.
Origine: Ebraica
Varianti femminili alterate: Gessica

Numero portafortuna: 3
Colore: Blu
Pietra Simbolo: Zaffiro
Metallo: Argento
Onomastico: 1° novembre
Segno zodiacale corrispondente: Capricorno

JONATHAN
Questo nome deriva dal termine ebraico "Yahwe" e significa "dono del Signore". Chi porta questo nome è un uomo agitato, impulsivo, che necessita di punti di riferimento per mantenere la calma.
Origine: Ebraica
Varianti maschili: Giona, Gionata, Gionatan
Numero portafortuna: 3
Colore: Verde
Pietra Simbolo: Ametista
Metallo: Rame
Onomastico: 1° novembre
Segno zodiacale corrispondente: Bilancia

JUNO
Questo nome è la variante straniera del nome "Giunone", la più grande divinità femminile della religione romana, e deriva dal termine latino "Iunius" che significa appunto "sacra a Giunone". La portatrice di questo nome è caratterizzata da molte qualità, tra le quali spiccano bellezza, intelligenza e forza d'animo.
Origine: Latina
Numero portafortuna: 1
Colore: Bianco
Pietra Simbolo: Diamante
Metallo: Argento
Onomastico: 1° novembre
Segno zodiacale corrispondente: Gemelli

LETTERA K

KARIM
Questo nome ha origini algerine e significa "generoso come Allah". La persona che porta questo nome è talvolta semplice e cordiale, talvolta superba, ma sempre apprezzato e benvoluto.
Origine: Algerina
Numero portafortuna: 3
Colore: Verde
Pietra Simbolo: Smeraldo
Metallo: Oro
Onomastico: 1° novembre
Segno zodiacale corrispondente: Capricorno

KARINA
Questo nome è la variante svedese del nome Caterina, che potrebbe derivare dal greco "Hekateríne", che significa "che saetta", ma che nell'etimologia popolare veniva collegato all'aggettivo "katharós" con il significato di "pura". Chi porta questo nome è una persona dinamica e forte, sa quello che vuole e fa di tutto per ottenerlo.
Origine: Greca
Varianti femminili: Carina, Karen, Karin
Numero portafortuna: 12
Colore: Blu
Pietra Simbolo: Zaffiro
Metallo: Rame
Onomastico: 7 novembre
Segno zodiacale corrispondente: Acquario

KATIA
Questo nome potrebbe derivare dal greco "katharòs" ed assumere il significato di "pura". Chi porta questo nome è una persona vitale e piena di brio, talvolta ama estraniarsi dalla realtà.
Origine: Greca
Numero portafortuna: 2
Colore: Rosso
Pietra Simbolo: Rubino
Metallo: Mercurio
Onomastico: 29 aprile
Segno zodiacale corrispondente: Pesci

KENDRA
Questo nome ha origini gallesi recenti e prende il significato di "grande campionessa". Chi porta questo nome è una persona seria, amichevole e generosa, sempre attenta ai bisogni propri e altrui.
Origine: Gallese
Numero portafortuna: 8
Colore: Azzurro
Pietra Simbolo: Citrino
Metallo: Rame
Onomastico: 1° novembre
Segno zodiacale corrispondente: Leone

KENYA
Questo nome sta prendendo usanza negli ultimi anni ed è associato prettamente allo stato africano. A questo nome viene associato il significato di "corno di animale". Chi porta questo nome è una persona forte, attiva e abile nella conoscenza di nuove persone.
Origine: Africana
Numero portafortuna: 36
Colore: Giallo
Pietra Simbolo: Ambra
Metallo: Ferro

Onomastico: 1° novembre
Segno zodiacale corrispondente: Sagittario

KEVIN
Questo nome di origine anglosassone deriva dalla parola celtica "gwen" che significa "bianco, puro". Chi porta questo nome è una persona attenta e premurosa, affronta la vita con determinazione, altruismo e grinta.
Origine: Anglosassone e Celtica
Numero portafortuna: 4
Colore: Bianco
Pietra Simbolo: Diamante
Metallo: Argento
Onomastico: 3 giugno
Segno zodiacale corrispondente: Acquario

KEYLA
Questo nome di origine irlandese deriva dal cognome "O'Caollaidhe", che proviene dall'aggettivo gaelico "caol", cioè "magro" e il significato che possiamo attribuire a questo nome è "sottile e fiera". Chi porta questo nome ha un alto temperamento e un'anima creativa. Cerca sempre nuove idee e non riesce ad essere abitudinaria.
Origine: Irlandese
Numero portafortuna: 85
Colore: Grigio
Pietra Simbolo: Ametista
Metallo: Mercurio
Onomastico: 1° novembre
Segno zodiacale corrispondente: Bilancia

KIMBERLEY
Questo nome, di origine anglosassone, deriva dall'omonima città del Sudafrica e gli attribuiscono il significato di "ribelle". La portatrice di questo

nome è grintosa e determinata, mette ottimismo in tutte le sue imprese, anche in quelle impossibili.
Origine: Anglosassone
Numero portafortuna: 9
Colore: Celeste
Pietra Simbolo: Pirite
Metallo: Argento
Onomastico: 1° novembre
Segno zodiacale corrispondente: Acquario

KIRA
Questo nome è la variante russa del nome greco "Kýros", latinizzato in "Cyrus", assumendo così il significato di "signora, padrona". Chi porta questo nome è una persona intraprendente e ottimista, affronta il bello e il brutto della vita a testa alta.
Origine: Russa
Numero portafortuna: 6
Colore: Blu
Pietra Simbolo: Acquamarina
Metallo: Ferro
Onomastico: 31 gennaio, 5 gennaio
Segno zodiacale corrispondente: Pesci

KLEDI
Questo nome potrebbe derivare dal greco "Kleitos" e significare "splendido, famoso", oppure essere una variante di Claudio col significato di "zoppo". La persona che porta questo nome è coraggiosa ed avventata, autoritaria e sa volgere le situazioni sempre a proprio vantaggio.
Origine: Greca
Numero portafortuna: 4
Colore: Azzurro
Pietra Simbolo: Acquamarina
Metallo: Argento
Onomastico: 1° novembre

Segno zodiacale corrispondente: Vergine

KLIZIA
Questo nome deriva dal termine greco "Klytía", legato a sua volta all'aggettivo "klytós", ovvero "molto noto, famoso". Nella mitologia è il nome di una donna amata da Apollo, che la trascurò e quando lei si lasciò morire dal dolore, commosso, la trasformò in girasole. Chi porta questo nome è una persona orgogliosa ed intraprendente, che ha però poca fiducia nel prossimo.
Origine: Greca
Numero portafortuna: 5
Colore: Arancio
Pietra Simbolo: Topazio
Metallo: Bronzo
Onomastico: 1° novembre
Segno zodiacale corrispondente: Capricorno

KYLE
Questo nome è di origine inglese, derivante dal termine scozzese "caol", che significa "vicino". Chi porta questo nome è una persona poliedrica, creativa e sempre piena di nuove iniziative.
Origine: Scozzese
Varianti femminili: Kyla, Kylie
Numero portafortuna: 2
Colore: Arancio
Pietra Simbolo: Smeraldo
Metallo: Oro
Onomastico: 1° novembre
Segno zodiacale corrispondente: Leone

LETTERA L

LAERTE
Questo nome deriva dal greco "Laértes" che significa "colui che solleva il popolo". Chi porta questo nome è una persona originale, generalmente si appassiona molto all'arte ed alla cultura in generale, intelligente e comprensivo con il prossimo.
Origine: Greca
Numero portafortuna: 5
Colore: Azzurro
Pietra Simbolo: Acquamarina
Metallo: Ferro
Onomastico: 1° novembre
Segno zodiacale corrispondente: Pesci

LAPO
Questo nome è un ipocoristico del nome Jacopo, deriva quindi dall'ebraico e significa "seguace di Dio". Chi porta questo nome ha un animo tranquillo e riesce a mantenere la calma anche nei momenti più difficili.
Origine: Ebraica
Numero portafortuna: 4
Colore: Rosso
Pietra Simbolo: Rubino
Metallo: Rame
Onomastico: 25 luglio
Segno zodiacale corrispondente: Gemelli

LARA
Questo nome dall'origine incerta, deriva dal nome della Ninfa protettrice degli spiriti degli antenati ed il suo significato dovrebbe essere "acqua,

mare". Chi porta questo nome è estremamente vitale e carismatica. Ha una grande capacità di organizzazione e raggiunge sempre gli obiettivi che si propone.
Origine: Latina
Varianti femminili: Larissa, Larisa
Numero portafortuna: 4
Colore: Celeste
Pietra Simbolo: Rubino
Metallo: Argento
Onomastico: 1° novembre
Segno zodiacale corrispondente: Bilancia

LAURA

Questo nome deriva dal termine celtico "Laur" il cui significato è "sufficiente". Secondo altri studi etimologici deriverebbe invece dal termine latino "laurus", ovvero "alloro" albero sacro al dio Apollo simbolo di gloria e sapienza. Chi porta questo nome è una persona dolce e delicata, a tratti fragile ma affascinante.
Origine: Latina o Celtica
Corrispettivo maschile: Lauro
Varianti maschili alterate: Laurino, Laurello, Lauretto, Laurindo, Laurano, Lauriano, Laureano, Laureato
Ipocoristici femminili: Lalla
Varianti femminili: Lora
Varianti femminili alterate: Laurana, Lauretta, Laurina, Lauriana, Laurisa Laurita, Laurinda, Laurice, Lauria
Numero portafortuna: 3
Colore: Verde
Pietra Simbolo: Smeraldo
Metallo: Oro
Onomastico: 19 ottobre
Segno zodiacale corrispondente: Sagittario

LAVINIA
Questo nome ha origini etrusche e significa "oriunda di Lavinia", la città laziale fondata da Enea in onore della sua sposa. La portatrice di questo nome è una persona solare e decisa, che tende a legarsi molto alle persone care.
Origine: Etrusca o Greca
Numero portafortuna: 8
Colore: Blu
Pietra Simbolo: Zaffiro
Metallo: Argento
Onomastico: 1° novembre
Segno zodiacale corrispondente: Acquario

LAZZARO
Questo nome deriva dal termine ebraico "Elazar", il cui significato è "colui che è assistito da Dio". Chi porta questo nome è una persona di grandi valori, che ama aiutare il prossimo dedicandosi al volontariato.
Origine: Ebraica
Numero portafortuna: 8
Colore: Verde
Pietra Simbolo: Smeraldo
Metallo: Mercurio
Onomastico: 17 dicembre
Segno zodiacale corrispondente: Sagittario

LEA
Questo nome ha origini greco-latine e significa "leonessa". Potrebbe inoltre essere la variante francese dell'ebraico "Léàh" con il significato di "stanca, laboriosa". La persona che porta questo nome è diretta e vera, che ama argomentare le sue idee.
Origine: Latina
Varianti femminili: Leona, Leonia, Lionella, Leonetta, Lionetta, Leoncina
Numero portafortuna: 5
Colore: Rosso
Pietra Simbolo: Rubino

Metallo: Argento
Onomastico: 22 marzo
Segno zodiacale corrispondente: Capricorno

LEANDRO
Questo nome deriva dal termine greco "leiandros", latinizzato in seguito in "leandrus". Si tratta di un termine composto, quindi potrebbe significare sia "uomo tranquillo" che "uomo del popolo". Chi porta questo nome è audace, risoluto e lavora duramente per ottenere quel che vuole.
Origine: Greca
Varianti maschili: Aleandro
Varianti femminili: Leandra, Aleandra
Numero portafortuna: 2
Colore: Blu
Pietra Simbolo: Zaffiro
Metallo: Oro
Onomastico: 27 febbraio
Segno zodiacale corrispondente: Gemelli

LEILA
Questo nome deriva dalla letteratura araba, con il significato di "buia come la notte", ed è la variante italiana del nome Layla. La portatrice di questo nome è una persona affidabile, leale, sulla quale si può contare.
Origine: Araba
Varianti femminili: Layla
Numero portafortuna: 4
Colore: Blu
Pietra Simbolo: Zaffiro
Metallo: Argento
Onomastico: 1° novembre
Segno zodiacale corrispondente: Cancro

LEONARDO
Questo nome deriva dal termine germanico "Leonhard" nome composto con significato complessivo inteso come "leone coraggioso" o "forte come un leone". Chi porta questo nome è una persona che ama la vitalità e vive la sua vita con curiosità ed entusiasmo.
Origine: Germanica
Corrispettivo femminile: Leonarda
Varianti maschili: Lionardo
Ipocoristici maschili: Leo, Nardo
Numero portafortuna: 2
Colore: Bianco
Pietra Simbolo: Diamante
Metallo: Oro
Onomastico: 6 novembre
Segno zodiacale corrispondente: Gemelli

LEONE
Questo nome deriva dal latino e significa proprio "leone". Chi porta questo nome è una persona diretta e vera, che ama argomentare le sue idee.
Origine: Latina
Varianti maschili: Leonio, Lionello, Leonetto, Lionetto, Leonino, Leoncino, Leo
Varianti femminili: Leona, Leonia, Lionella, Leonetta, Lionetta, Leoncina
Numero portafortuna: 1
Colore: Verde
Pietra Simbolo: Smeraldo
Metallo: Rame
Onomastico: 10 novembre
Segno zodiacale corrispondente: Vergine

LEONIDA
Questo nome deriva dal greco "Leonidas", poi latinizzato in Leonides ed ha il significato di "simile ad un leone". Fu il nome del re di Sparta eroe delle

Termopili. Chi porta questo importante nome è una persona diretta e vera, sempre disponibile e generosa.
Origine: Greca
Numero portafortuna: 1
Colore: Verde
Pietra Simbolo: Smeraldo
Metallo: Rame
Onomastico: 22 aprile
Segno zodiacale corrispondente: Vergine

LEOPOLDO
Questo nome ha il significato tedesco di "colui che si distingue". Chi porta questo nome, è una persona spontanea che per distinguersi dagli altri, tende a comparare la propria personalità con quella dei suoi coetanei.
Origine: Germanica
Numero portafortuna: 6
Colore: Giallo
Pietra Simbolo: Topazio
Metallo: Rame
Onomastico: 15 novembre
Segno zodiacale corrispondente: Cancro

LETIZIA
Questo nome deriva dal termine latino "laetum" il cui significato è "lieto". Il significato è quindi "allegria, felicità" o "gioia". Chi porta questo nome è una persona allegra e gioiosa, con una spiccata intelligenza e un sopraffino intuito.
Origine: Latina
Corrispettivo maschile: Letizio
Numero portafortuna: 6
Colore: Blu
Pietra Simbolo: Zaffiro
Metallo: Argento
Onomastico: 13 marzo

Segno zodiacale corrispondente: Leone

LIA

Questo nome deriva dall'ebraico "Léàh" ed assume il significato di "laboriosa". Chi possiede questo nome è una persona dinamica, sempre in movimento, a cui piace darsi da fare su tutti i fronti.
Origine: Ebraica
Varianti femminili: Lietta
Varianti maschili: Lio
Numero portafortuna: 4
Colore: Verde
Pietra Simbolo: Smeraldo
Metallo: Argento
Onomastico: 1° giugno
Segno zodiacale corrispondente: Sagittario

LICIA

Questo nome di origine greca, derivante da "Lykios" e "Lykìa", indica la provenienza dall'Asia, precisamente dalla zona della Licia. Chi porta questo nome affronta la vita con energia, mirando sempre al raggiungimento di una libertà interiore.
Origine: Greca
Numero portafortuna: 2
Colore: Verde
Pietra Simbolo: Lapislazzuli
Metallo: Piombo
Onomastico: 1° novembre
Segno zodiacale corrispondente: Bilancia

LIDIA/LIDIO

Questo nome deriva dal greco "Lydia", e significa proprio "abitante della Lidia", regione dell'Asia minore. Chi porta questo nome è una persona spontanea, buona e creativa.

Origine: Greca
Varianti femminili: Lidiana, Lida, Lydia
Varianti maschili: Lidio, Lidiano, Lido
Numero portafortuna: 1
Colore: Giallo
Pietra Simbolo: Topazio
Metallo: Rame
Onomastico: 3 agosto, 20 maggio
Segno corrispondente: Toro

LILIANA
Questo nome ha origine latina e indica il nome del fiore "giglio". Chi porta questo nome è una persona molto posata, divertente al tempo stesso e coltiva molteplici interessi.
Origine: Latina
Varianti femminili: Lilliana, Lilia, Liana, Lili
Varianti maschili: Liliano, Lilliano
Numero portafortuna: 9
Colore: Rosa
Pietra Simbolo: Zaffiro
Metallo: Ferro
Onomastico: 1° novembre
Segno zodiacale corrispondente: Bilancia

LINDA
Questo nome è il diminutivo di vari nomi germanici che finiscono in "inda-" che significa "scudo di legno di tiglio", oppure può derivare dal termine medioevale "linde" con il significato di "dolce". La portatrice di questo nome è una donna forte e grintosa, che combatte le ingiustizie.
Origine: Germanica
Numero portafortuna: 1
Colore: Verde
Pietra Simbolo: Smeraldo
Metallo: Rame

Onomastico: 22 gennaio
Segno zodiacale corrispondente: Capricorno

LINO/LINA
Questo nome deriva dal greco, latinizzato in seguito in "Linus", il cui significato è "rete". Nella mitologia greca era il figlio del dio Apollo, che lo uccise involontariamente. Chi porta questo nome è una persona dal carattere energico e forte, talvolta permaloso e superbo.
Origine: Greca
Numero portafortuna: 5
Colore: Rosso
Pietra Simbolo: Topazio
Metallo: Oro
Onomastico: 23 settembre
Segno zodiacale corrispondente: Vergine

LIVIO/LIVIA
Questo nome deriva dal latino "Lividus", che significa "livido, pallido". Chi porta questo nome è una persona generosa, a cui piace confrontarsi e scambiare opinioni con gli altri.
Origine: Latina
Numero portafortuna: 4
Colore: Blu
Pietra Simbolo: Turchese
Metallo: Argento
Onomastico: 23 febbraio
Segno zodiacale corrispondente: Leone

LOLA
Questo nome è il diminutivo del nome spagnolo "Dolores", deriva quindi dal latino e significa "dolori". Chi porta questo nome è una persona frizzante, energica che cerca sempre qualcosa da fare.
Origine: Latina

Numero portafortuna: 24
Colore: Lilla
Pietra Simbolo: Ametista
Metallo: Stagno
Onomastico: 15 settembre
Segno zodiacale corrispondente: Vergine

LOREDANA
Questo nome deriva dal latino "Lauretum" ed ha il significato di "piccolo bosco di lauro". La persona che porta questo nome è coraggiosa e paziente, non si arrende di fronte alle sconfitte, ma si rialza sempre.
Origine: Latina
Varianti femminili: Loredania, Oredana, Lorediana, Lora, Dana
Varianti maschili: Loredano, Oredano
Numero portafortuna: 3
Colore: Verde
Pietra Simbolo: Smeraldo
Metallo: Rame
Onomastico: 10 dicembre
Segno zodiacale corrispondente: Sagittario

LORENA
Si ipotizza che questo nome derivi da un segno di solidarietà nei confronti dei duchi di Toscana della dinastia di Lorena, amati per le loro idee liberali e riformiste. Chi porta questo nome è una persona gioviale, saggia e acculturata.
Origine: Italiana
Numero portafortuna: 6
Colore: Arancio
Pietra Simbolo: Ambra
Metallo: Rame
Onomastico: 1° novembre
Segno corrispondente: Gemelli

LORENZO/LORENZA

Questo nome deriva dal cognomen latino "Laurentius" per indicare un abitante di "Laurentum". Ricollegando questo nome proprio al termine "laurus" il significato sarebbe "colui che è cinto d'alloro". Chi porta questo nome è una persona comunicativa, a tratti riservata ma fedele e affettuosa.
Origine: Latina
Varianti maschili: Laurentino, Lorentino
Varianti maschili alterate: Lorenzino, Loris
Ipocoristici maschili: Renzo, Cencio, Enzo, Zino
Varianti femminili: Laurenza, Laurenzia, Laurentina, Lorentina
Varianti femminili alterate: Lorenzina
Ipocoristici femminili: Lora, Enza, Renza, Zina
Numero portafortuna: 1
Colore: Verde
Pietra Simbolo: Smeraldo
Metallo: Mercurio
Onomastico: 10 agosto
Segno zodiacale corrispondente: Capricorno

LORIS

Questo nome è considerato un variante del nome "Lorenzo" e ne assume quindi anche il significato. Chi porta questo nome è una persona particolarmente espansiva, loquace ed energica.
Origine: Latina
Numero portafortuna: 1
Colore: Verde
Pietra Simbolo: Smeraldo
Metallo: Mercurio
Onomastico: 10 agosto
Segno zodiacale corrispondente: Capricorno

LUANA
Questo nome ha origini sconosciute, potrebbe derivare dalla Dea polinesiana, "Lua Nuu", oppure dal termine hawaiiano "luana", che significa "godersi il tempo libero". Chi porta questo nome è una persona semplice e sensibile, che si accontenta di poco, ma non in amore.
Origine: Polinesiana
Numero portafortuna: 10
Colore: Giallo
Pietra Simbolo: Diamante
Metallo: Ferro
Onomastico: 1° novembre
Segno zodiacale corrispondente: Gemelli

LUCA
Questo nome deriva dal latino "Lucanus" o dal greco "Loukanos", con il significato di "proveniente dalla Lucania". Chi porta questo nome è una persona particolare, seria e generosa.
Origine: Latina
Varianti alterate: Luchino, Luchetto
Ipocoristici: Lu
Nomi composti: Gianluca, Leoluca, Lucantonio
Numero portafortuna: 5
Colore: Arancione
Pietra Simbolo: Berillo
Metallo: Rame
Onomastico: 18 ottobre
Segno zodiacale corrispondente: Gemelli

LUCE
Questo nome deriva dal sostantivo latino "lux" ovvero "luce". Chi porta questo nome è persona che trasmette gioia e simpatia, con un animo vivace ed una curiosità sconfinata.
Origine: Latina
Numero portafortuna: 2
Colore: Giallo

Pietra Simbolo: Ambra
Metallo: Bronzo
Onomastico: 15 settembre
Segno zodiacale corrispondente: Leone

LUCIA/LUCIO
Questo nome deriva dal prenome latino "Lucius", basato sul termine "lux" o "lucis" il cui significato è "luce". Per estensione il significato sarebbe "spendente" oppure "luminoso". Chi porta questo nome è una persona armoniosa e fedele, compassionevole.
Origine: Latina
Varianti maschili alterate: Lucillo, Lucino, Luciolo, Lucietto, Lucione
Ipocoristici femminili: Lia, Cia, Luci
Varianti femminili: Luce
Varianti femminili alterate: Lucina, Lucietta, Lucilla
Numero portafortuna: 5
Colore: Arancione
Pietra Simbolo: Berillo
Metallo: Rame
Onomastico femminile: 13 dicembre
Onomastico maschile: 4 marzo
Segno zodiacale corrispondente: Gemelli

LUCREZIA
Questo nome deriva dal gentilizio "Lucretia" portato da una gens romana. La sua origine risulterebbe ancora incerta ma alcuni studi porterebbero a pensare che sia una derivazione delle parole latine "lucrum" il cui significato è "guadagno" o "lucrorche" significa "lucrare". Chi porta questo nome ha una femminilità innata, un fascino ammaliante ma è anche vulnerabile.
Origine: Latina
Corrispettivo maschile: Lucrezio
Varianti maschili: Lugrezio
Varianti femminili: Lugrezia
Ipocoristici femminili: Zina
Numero portafortuna: 2

Colore: Rosso
Pietra Simbolo: Rubino
Metallo: Ferro
Onomastico: 23 novembre
Segno zodiacale corrispondente: Vergine

LUDMILLA
Questo nome è di origine slava ed assume il significato di "amata dal popolo". Chi porta questo nome è una persona brillante e solare, che nasconde una grande forza ed un grande spirito combattivo.
Origine: Slava
Numero portafortuna: 7
Colore: Blu
Pietra Simbolo: Zaffiro
Metallo: Argento
Onomastico: 16 settembre
Segno zodiacale corrispondente: Capricorno

LUDOVICO/LUDOVICA
Questo nome ha origine germanica e deriva dalle forme di origine medievale "Clodovicus" e "Clodoveo". Il significato del nome si traduce in "gloriosa battaglia" o "guerriero glorioso". Chi porta questo nome è una persona inquieta, curiosa e piena di vita.
Origine: Germanica
Varianti maschili: Lodovico
Ipocoristici maschili: Ludo, Vico
Varianti femminili: Lodovica
Ipocoristici femminili: Ludo, Vica
Numero portafortuna: 1
Colore: Rosso
Pietra Simbolo: Rubino
Metallo: Ferro
Onomastico maschile: 25 agosto
Onomastico femminile: 31 gennaio

Segno zodiacale corrispondente: Ariete

LUIGI/LUIGIA
Questo nome deriva germanico "Hlodowig" e significa "glorioso nella battaglia" oppure "vittorioso in battaglia". Chi porta questo nome è una persona geniale, intuitiva e molto intelligente.
Origine: Germanica
Varianti maschili: Aligi, Aloisio, Alvise, Clodoveo, Ludovico, Luigio
Varianti maschili alterate: Luigino
Ipocoristici maschili: Gigi, Gino
Nomi composti maschili: Gianluigi, Pierluigi
Varianti femminili: Ludovica, Luisa
Varianti femminili alterate: Luigina
Ipocoristici femminili: Gigia, Gina
Numero portafortuna: 4
Colore: Rosso
Pietra Simbolo: Rubino
Metallo: Oro
Onomastico maschile: 21 giugno
Onomastico femminile: 17 ottobre
Segno zodiacale corrispondente: Toro

LUNA
Questo nome moderno è legato al nome del satellite naturale della Terra. Deriva dal latino "lùna" e significa "luce riflessa". Chi porta questo nome è una persona tranquilla e paziente, con una spiccata intelligenza.
Origine: Italiana
Numero portafortuna: 9
Colore: Rosa
Pietra Simbolo: Zaffiro
Metallo: Platino
Onomastico: 1° novembre
Segno zodiacale corrispondente: Toro

LETTERA M

MADDALENA
Questo nome deriva dall'ebraico "Magdalenne" e significa "donna di Magdala", località situata vicino Tiberiade. La portatrice di questo nome è una donna gentile, cortese, disponibile, una perfetta compagna di vita.
Origine: Ebraica
Varianti femminili: Magdalena, Magda, Magdala, Madda, Maida, Lena, Madeleine, Madeline, Magali, Magalie
Varianti maschili: Maddaleno, Magdaleno, Magdo
Numero portafortuna: 5
Colore: Violetto
Pietra Simbolo: Ametista
Metallo: Platino
Onomastico: 22 luglio
Segno zodiacale corrispondente: Leone

MAIA
Questo nome trae origine dal greco e significa "nutrice". Secondo la mitologia, era la donna più bella delle Pleiadi, fu amata da Zeus e partorì Ermes. Chi porta questo nome è una persona tutto pepe, dalla vitalità contagiosa, che riesce ad instaurare rapporti armoniosi con tutti quelli che conosce.
Origine: Greca
Varianti femminili: Maya, Maja
Numero portafortuna: 5
Colore: Rosso
Pietra Simbolo: Rubino
Metallo: Oro
Onomastico: 1° novembre
Segno zodiacale corrispondente: Acquario

MANUEL/MANUELA

Questo nome è una variante del nome "Emanuele/Emanuela", deriva quindi dall'ebraico "Immanu'el" che significa "Dio è con noi". Chi porta questo nome è, solitamente, una persona introversa, sa essere socievole, forte, ed intelligente.
Origine: Ebraica
Numero portafortuna: 3
Colore: Arancione
Pietra Simbolo: Rubino
Metallo: Oro
Onomastico: 26 marzo
Segno zodiacale corrispondente: Vergine

MARA

Questo nome deriva dal termine di origine ebraica "marah", il cui significato letterale è "amaro" ma, in generale, si può tradurre come "tristezza, infelicità". Chi porta questo nome possiede un carattere travolgente ed estroverso, mette passione ed entusiasmo in tutto ciò che fa.
Origine: Ebraica
Numero portafortuna: 6
Colore: Arancione
Pietra Simbolo: Berillo
Metallo: Rame
Onomastico: 3 agosto
Segno zodiacale corrispondente: Pesci

MARCO

Questo nome è una continuazione del prenome romano "Marcus", riferito al dio della guerra Marte. Il significato letterale è quindi "dedicato a Marte, sacro a Marte" o "appartenente al dio Marte". Chi porta questo nome è una persona avventurosa, gentile e schietta nell'esprimere il suo pensiero in ogni situazione.
Origine: Latina
Corrispettivo femminile: Marca

Varianti maschili alterate: Marcolino, Marcuccio, Marchino, Marchetto, Marcello
Nomi composti maschili: Gianmarco, Marcantonio, Marcaurelio, Marco Tullio
Varianti alterate femminili: Marchina, Marcolina, Marcuccia
Numero portafortuna: 7
Colore: Rosso
Pietra Simbolo: Rubino
Metallo: Ferro
Onomastico: 25 aprile
Segno zodiacale corrispondente: Sagittario

MARGHERITA
Questo nome deriva dal greco "margarites", il cui significato è "perla". Chi porta questo nome è una persona intensa, ha sempre bisogno di attenzioni ed è portata ad amplificare ogni sentimento.
Origine: Greca
Corrispettivo maschile: Margherito
Varianti femminili: Margarita, Rita
Numero portafortuna: 9
Colore: Verde
Pietra Simbolo: Smeraldo
Metallo: Mercurio
Onomastico: 22 febbraio
Segno zodiacale corrispondente: Capricorno

MARIA/MARIO
Questo nome ha origini ed etimologia sostenute da molte ipotesi. Quella più accreditata lo riconduce al nome ebraico "Maryam", derivante dall'aggettivo egizio "myr" che significa "persona amata". Chi porta questo nome è una persona particolarmente generosa verso gli atri e non si fa problemi a dispensare consigli, anche se a volte non richiesti.
Origine: Egizia

Varianti maschili alterate: Marietto, Mariolino, Mariuccio
Nomi composti maschili: Gianmario, Gianmaria
Varianti femminili: Mara, Maia, Moira, Marica, Maura, Mia, Marianna
Nomi composti femminili: Annamaria, Maria Assunta, Biancamaria, Mariangela, Marilena, Maria Pia, Marianna, Maria Luisa (da cui Marisa e Marilù), Marilda, Maria Teresa, Maria Grazia e altri
Numero portafortuna: 7
Colore: Verde
Pietra Simbolo: Zaffiro
Metallo: Oro
Onomastico maschile: 19 gennaio
Onomastico femminile: 12 settembre
Segno zodiacale corrispondente: Sagittario

MARICA

Questo nome ha origini incerte ma si pensa che provenga da una parola greca col significato di "fanciulla splendente". Secondo la mitologia romana, si chiamava così la ninfa che avrebbe generato la stirpe dei romani. La portatrice di questo nome è una persona allegra, che vede i problemi come delle opportunità.
Origine: Latina
Varianti femminili: Marika
Numero portafortuna: 6
Colore: Giallo
Pietra Simbolo: Diamante
Metallo: Rame
Onomastico: 1° novembre
Segno zodiacale corrispondente: Toro

MARINA/MARINO

Questo nome deriva dal cognome romano "Marinus" che significa "del mare" oppure "appartenente al mare". Chi porta questo nome è una persona sensibile, energica e passionale.
Varianti maschili alterate: Marinello, Marinuccio

Ipocoristici maschili: Rino
Varianti femminili alterate: Marinella, Marinetta
Ipocoristici femminili: Rina
Numero portafortuna: 7
Colore: Blu
Pietra Simbolo: Zaffiro
Metallo: Argento
Onomastico maschile: 3 settembre
Onomastico femminile: 18 giugno
Segno zodiacale corrispondente: Acquario

MARTA
Questo nome di origine semitica, è basato sul termine ebraico "marta'" o "maretha" il cui significato è "padrona, signora". Chi porta questo nome è una persona coraggiosa ed energica, che, a volte però, non riesce ad emergere.
Origine: Ebraica
Corrispettivo maschile: Marto
Numero portafortuna: 2
Colore: Bianco
Pietra Simbolo: Diamante
Metallo: Argento
Onomastico: 29 luglio
Segno zodiacale corrispondente: Ariete

MARTINO/MARTINA
Questo nome deriva dal termine latino "Martinus" il cui significato è "dedicato a Marte". Chi porta questo nome è una persona con un animo dolce e sensibile, sognatrice e molto intelligente.
Origine: Latina
Ipocoristici maschili: Tino
Ipocoristici femminili: Tina
Numero portafortuna: 3
Colore: Giallo

Pietra Simbolo: Diamante
Metallo: Oro
Onomastico maschile: 11 novembre
Onomastico femminile: 30 gennaio
Segno zodiacale corrispondente: Pesci

MARZIA/MARZIO
Questo nome deriva dal latino "Martius" e significa "dedicato a Marte". Il nome originale è Marcia, come la moglie di Catone l'Uticinese, ma fu Dante che cambiò il nome in Marzia. Chi porta questo nome è una persona intraprendente e gioiosa, non ama la falsità e le rinunce.
Origine: Latina
Numero portafortuna: 2
Colore: Verde
Pietra Simbolo: Smeraldo
Metallo: Ferro
Onomastico: 21 giugno, 2 luglio
Segno zodiacale corrispondente: Acquario

MASSIMO
Questo nome è la continuazione del cognomen romano "Maximus", il cui significato è "il più grande di tutti". Chi porta questo nome è una persona stoica, non usa giri di parole ed è capace di imporsi e spiccare sugli altri.
Origine: Latina
Corrispettivo femminile: Massima
Varianti maschili alterate: Massimino, Massimillo
Ipocoristici maschili: Max
Nomi composti maschili: Massimiliano
Numero portafortuna: 2
Colore: Arancione
Pietra Simbolo: Topazio
Metallo: Rame
Onomastico. 25 giugno
Segno zodiacale corrispondente: Vergine

MATILDE
Questo nome deriva dal nome germanico "Mahthildis" e può essere interpretato, se riferito a persona, come "forte guerriera". Chi porta questo nome ha una forte personalità, è indipendente, ambiziosa, autoritaria e rappresenta un punto fermo nella vita di coloro che la incontrano.
Origine: Germanica
Corrispettivo maschile: Matildo
Varianti maschili: Matildio, Mafaldo
Varianti femminili: Matilda, Matelda, Metilde, Mafalda, Macalda, Melchilde
Ipocoristici femminili: Tilde
Numero portafortuna: 9
Colore: Giallo
Pietra Simbolo: Topazio
Metallo: Oro
Onomastico. 14 marzo
Segno zodiacale corrispondente: Leone

MATTEO
Questo nome deriva dal nome ebraico "Mattityahu", con il significato complessivo di "dono di Dio" o "dono del Signore". Chi porta questo nome è una persona tenace, poliedrica e decisa, che riesce quasi sempre ad ottenere ciò che vuole.
Origine: Ebraica
Corrispettivo femminile: Mattea
Varianti maschili: Mattia, Maffeo, Mazzeo
Varianti maschili alterate: Matteino, Matteone
Ipocoristici maschili: Teo, Matte, Matti, Matty
Nomi composti maschili: Gianmatteo
Varianti femminili alterate: Matteina
Ipocoristici femminili: Tea
Numero portafortuna: 7
Colore: Giallo
Pietra Simbolo: Topazio
Metallo: Rame

Onomastico: 21 settembre
Segno zodiacale corrispondente: Leone

MATTIA
Questo nome ha origine dal termine biblico "Matthias", variante di "Matthaios", derivato, a sua volta, dall'ebraico "Mattityahu". Il significato di questo nome è "dono di Dio". Chi porta questo nome è una persona sincera e rispettosa degli altri, curiosa ed intelligente.
Origine: Ebraica
Numero portafortuna: 7
Colore: Giallo
Pietra Simbolo: Topazio
Metallo: Rame
Onomastico: 14 maggio
Segno zodiacale corrispondente: Leone

MAURO/MAURA
Questo nome deriva dall'antica parola latina "Maurus" e significa "nativo della Mauritania". Chi porta questo nome è una persona generalmente complessa, un po' tenebrosa, che riesce sempre a raggiungere gli obiettivi che si prefigge.
Origine: Latina
Varianti maschili alterate: Mauretto, Maurino
Nomi composti maschili: Gianmauro, Piermauro
Varianti femminili alterate: Mauretta, Maurella, Maurina
Numero portafortuna: 7
Colore: Viola
Pietra Simbolo: Acquamarina
Metallo: Mercurio
Onomastico maschile: 15 gennaio
Onomastico femminile: 13 febbraio
Segno zodiacale corrispondente: Capricorno

MELANIA
Questo nome deriva dall'aggettivo greco "Melan" e significa "scura, nera". Chi porta questo nome è apparentemente una persona chiusa e tenebrosa, ma nasconde un animo gentile e generoso.
Origine: Greca
Femminili: Mélanie, Melany, Mellony
Numero portafortuna: 5
Colore: Arancio
Pietra Simbolo: Berillo
Metallo: Mercurio
Onomastico: 31 dicembre
Segno zodiacale corrispondente: Leone

MELISSA
Questo nome proviene dal termine greco "mèlissa", derivazione della parola ebraica "mèli", e significa "colei che fa il miele", ovvero "ape". Chi porta questo nome è una persona fragile, con un gran senso dell'umorismo e un cuore grande.
Origine: greca
Nome corrispondente maschile: Melisso
Varianti femminili: Melitta, Melita
Numero portafortuna: 6
Colore: Verde
Pietra Simbolo: Smeraldo
Metallo: Rame
Onomastico: 1° novembre
Segno zodiacale corrispondente: Capricorno

MICHELE/MICHELA
Questo nome deriva del termine ebraico "Mikha'el" e significa "chi è come Dio?". Questa espressione veniva usata come domanda retorica per la risposta "nessuno". Chi porta questo nome è una persona piena di vita, sveglia e molto paziente. Per di più, è una persona ottimista, rasserenante e piena di energia.

Origine: Ebraica
Varianti maschili: Micaele
Varianti maschili alterate: Michelino
Ipocoristici maschili: Michi, Lele, Chello, Chelino, Lino
Nomi composti: Michelangelo
Varianti femminili: Micaela
Varianti femminili alterate: Michelina
Ipocoristici femminili: Lina
Nomi composti femminili: Michelangela
Numero portafortuna: 5
Colore: Rosso
Pietra: Rubino
Metallo: Ferro
Onomastico maschile: 29 settembre
Onomastico femminile: 24 agosto
Segno zodiacale corrispondente: Acquario

MICOL

Questo nome è l'equivalente del nome ebraico "Michal", che significa "ruscello". Chi porta questo nome ha uno spirito avventuriero, è dotata di coraggio, ma soprattutto di ottimismo e rispondendo alle avversità della vita con serenità.
Origine: Ebraica
Numero portafortuna: 4
Colore: Arancio
Pietra Simbolo: Ambra
Metallo: Argento
Onomastico: 1° novembre
Segno zodiacale corrispondente: Bilancia

MILA/MILO

Questo nome deriva probabilmente dal germanico "milo", e dalla radice slava "mil", con il significato di "gentile, cara, buona". La portatrice di

questo nome è una persona spontanea e sincera, esuberante e quasi sempre allegra.
Origine: Germanica
Numero portafortuna: 4
Colore: Blu
Pietra Simbolo: Lapislazzuli
Metallo: Piombo
Onomastico: 19 luglio
Segno zodiacale corrispondente: Toro

MILENA
Questo nome ha origini serbo-slave deriva dal termine "Milen" o "Milan" che, a sua volta, proviene dall'antico slavo "Milu". Il significato complessivo è "cara, buona d'animo, amabile". La portatrice di questo nome è determinata, abile nel seguire le sue passioni e gli obiettivi prefissati.
Origine: Slava
Varianti femminili alterate: Lena
Numero portafortuna: 9
Colore: Verde
Pietra Simbolo: Berillo
Metallo: Argento
Onomastico: 1° novembre
Segno zodiacale corrispondente: Leone

MINERVA
Questo nome appartiene alla Dea romana della saggezza e potrebbe derivare da due parole latine, "mens" e "menos" che significano rispettivamente "intelletto" e "saggezza". Chi possiede questo nome è un'ottima oratrice e ambisce a ricoprire posizioni professionali di vertice.
Origine: Latina
Numero portafortuna: 2
Colore: Azzurro
Pietra Simbolo: Zaffiro
Metallo: Rame
Onomastico: 23 agosto

Segno zodiacale corrispondente: Scorpione

MINA
Esistono diverse teorie origine di questo nome. È il diminutivo di nomi che terminano in -mina (per esempio Gelsomina). Si pensa che sia un nome di origine indiana derivato da "Meenakshi", il cui significato è "bellissimi occhi a forma di pesce". Infine potrebbe avere origine persiana e significare "azzurro" o "perla". Chi porta questo nome è una persona di successo, che riesce a raggiungere grandi traguardi grazie al suo talento ed alla sua intelligenza.
Origine: Italiana, Persiana, Indiana
Numero portafortuna: 4
Colore: Blu
Pietra Simbolo: Diamante
Metallo: Ferro
Onomastico: 1° novembre
Segno zodiacale corrispondente: Toro

MIRIAM
Questo nome è basato sul termine ebraico "mry" il cui significato è "amore" o "amata". Chi porta questo nome è una persona di buona volontà, che raggiunge i suoi scopi costruendosi il proprio destino.
Origine: Ebraica
Varianti alterate: Myriam, Miriana
Ipocoristici: Miria, Miry, Mira
Numero portafortuna: 1
Colore: Rosa
Pietra Simbolo: Rubino
Metallo: Ferro
Onomastico maschile: 8 e 12 settembre
Segno zodiacale corrispondente: Sagittario

MIRKO
Questo nome ha origini slave e deriva dal termine "mir" che significa "colui che ha gloria nel mondo". Chi porta questo nome è una persona forte, con un grande carisma e una simpatia spiazzante.
Origine: Slava
Varianti maschili: Mirco
Varianti femminili: Mirca
Numero portafortuna: 7
Colore: Rosa
Pietra Simbolo: Rubino
Metallo: Oro
Onomastico maschile: 1° novembre
Segno zodiacale corrispondente: Sagittario

MOIRA
Questo nome deriva dal greco e significa "destino, partecipazione". La portatrice di questo nome è una donna che ama mettersi in mostra e far conoscere a tutti le proprie capacità.
Origine: Greca
Onomastico: 1° novembre
Segno zodiacale corrispondente: Leone
Numero portafortuna: 8
Colore: Rosa
Pietra Simbolo: Rubino
Metallo: Oro

MONICA
Questo nome sarebbe di origine punica o fenicia e deriva dal nome originale "Monnica", alterato nel greco "monos" che vuol dire "solitario, eremita". Chi porta questo nome è una persona molto precisa, ironica e coerente sia con quello che dice che nei modi di agire.
Origine: Punica o Fenicia
Numero portafortuna: 4
Colore: Blu
Pietra Simbolo: Zaffiro

Metallo: Oro
Onomastico: 27 agosto
Segno zodiacale corrispondente: Capricorno

MORENO/MORENA
Questo nome di origine spagnola, riprende l'aggettivo latino "maurus" che significa "di colore scuro", il significato quindi potrebbe essere tradotto come "scuro di carnagione, bruno". Chi porta questo nome è una persona dal carattere determinato ed orgoglioso, con una personalità dominante.
Origine: Spagnola
Numero portafortuna: 7
Colore: Azzurro
Pietra Simbolo: Smeraldo
Metallo: Ferro
Onomastico: 1° novembre
Segno zodiacale corrispondente: Acquario

MORGANA
Questo nome di origine gallese deriva da "morcant'", termine composto dal significato complessivo di "cerchio del mare". Chi possiede questo nome ha grandi doti intellettive, fisiche e manuali.
Origine: Gallese
Numero portafortuna: 6
Colore: Viola
Pietra Simbolo: Ambra
Metallo: Rame
Onomastico: 28 dicembre
Segno zodiacale corrispondente: Cancro

LETTERA N

NADA
Questo nome è la variante del nome "Nadia", trae quindi origine dal russo "Nadeza" che significa "speranza". La persona che porta questo nome è tranquilla, pacata ed ha dentro di sé un ardore che riscalda le persone che le stanno vicino.
Origine: Russa
Numero portafortuna: 2
Colore: Rosso
Pietra Simbolo: Rubino
Metallo: Oro
Onomastico: 17 gennaio
Segno zodiacale corrispondente: Gemelli

NADIA
Questo nome è una variante del nome russo "Nadja", derivante dallo slavo "Nadežda", il cui significato letterale è "speranza". Chi porta questo nome è una persona decisa e rassicurante, tranquilla ma allo stesso tempo capace di restare sempre al centro dell'attenzione.
Origine: Slava
Corrispettivo maschile: Nadio
Varianti femminili alterate: Nadina
Ipocoristici femminili: Nada
Varianti maschili alterate: Nadino
Ipocoristici maschili: Nado
Numero portafortuna: 2
Colore: Rosso
Pietra Simbolo: Rubino
Metallo: Oro
Onomastico: 17 gennaio

Segno zodiacale corrispondente: Gemelli

NAIKE
Questo nome deriva dal greco "nike", il nome della dea della vittoria nella mitologia greca. Chi possiede questo nome è una persona intraprendente, libera ed indipendente, segue solo il suo istinto.
Origine: Greca
Numero portafortuna: 2
Colore: Bianco
Pietra Simbolo: Ametista
Metallo: Argento
Onomastico: 1° novembre
Segno zodiacale corrispondente: Vergine

NATALE/NATALIA
Questo nome deriva dall'aggettivo latino "natalis" e significa "nascita". La persona che porta questo nome possiede un grande intuito e senso dell'umorismo, che la rendono particolarmente amata dagli altri.
Origine: Latina
Varianti femminili: Natascia, Natasha
Numero portafortuna: 7
Colore: Giallo
Pietra Simbolo: Topazio
Metallo: Rame
Onomastico: 16 marzo
Segno zodiacale corrispondente: Acquario

NAZZARENO/NAZZARENA
Questo nome deriva dal latino "Nazarènus" e significa "proveniente da Nazareth". Chi possiede questo nome è una persona alla mano, cordiale e volenterosa anche se, a volte, ha bisogno dei suoi spazi.
Origine: Latina
Numero portafortuna: 3

Colore: Giallo
Pietra Simbolo: Topazio
Metallo: Rame
Onomastico: 10 dicembre
Segno zodiacale corrispondente: Toro

NEIVA
Questo nome deriva dal termine spagnolo "neive" che significa "bianca, neve". La persona che porta questo nome si distingue per la sua indole tranquilla, educata e cordiale anche verso chi non è nelle sue grazie.
Origine: Spagnola
Numero portafortuna: 56
Colore: Bianco
Pietra Simbolo: Perla
Metallo: Alluminio
Onomastico: 1° novembre
Segno zodiacale corrispondente: Leone

NEREO/NEREA
Questo nome deriva dal termine greco "Nereys" che significa "che scorre, nuotatore". Chi porta questo nome è, solitamente, un tipo calmo e tranquillo, che riesce a mostrare un certo equilibrio anche nelle situazioni più caotiche.
Origine: Greca
Numero portafortuna: 2
Colore: Verde
Pietra Simbolo: Smeraldo
Metallo: Mercurio
Onomastico: 12 maggio
Segno zodiacale corrispondente: Pesci

NEVIO/NEVIA
nome deriva dal termine latino "naevus", con il significato di "che ha dei nei". La persona che porta questo nome ha un'indole particolarmente pacifica, sempre a disposizione di tutti, è facilmente amabile.
Origine: Latina
Varianti maschili: Neviano, Nevilio
Varianti femminili: Neviana, Nevilia
Numero portafortuna: 88
Colore: Rosso
Pietra Simbolo: Rubino
Metallo: Bronzo
Onomastico: 1° novembre
Segno zodiacale corrispondente: Sagittario

NICLA
Questo nome è una variante di "Nicola", che deriva dal greco "Nikòlaos" e che assume il significato di "vincitore del popolo". La portatrice di questo nome è molto dolce ed altruista, mette sempre gli altri al primo posto, trascurando, a volte, sé stessa.
Origine: Greca
Numero portafortuna: 23
Colore: Porpora
Pietra Simbolo: Topazio
Metallo: Stagno
Onomastico: 6 dicembre
Segno zodiacale corrispondente: Scorpione

NICOLA/NICOLE
Questo nome deriva dal greco "Nikòlaos", termine formato dalle parole "nìke" e "leòs", con il significato complessivo di "che vince per il suo popolo" oppure "vincitrice del popolo". Chi porta questo nome è una persona ambiziosa e razionale, non gli interessa il successo ma sa come ottenerlo.
Origine: Greca
Varianti maschili: Nicolò, Niccolò, Nicolao

Varianti maschili alterate: Nicolino, Nicoletto
Ipocoristici maschili: Niki, Nick, Nico, Nicco, Niclo, Cola, Coletto, Colino
Varianti femminili alterate: Nicoletta, Nicolina
Ipocoristici femminili: Lina, Coletta
Numero portafortuna: 9
Colore: Rosso
Pietra Simbolo: Rubino
Metallo: Oro
Onomastico: 6 dicembre
Segno zodiacale corrispondente: Leone

NILO
Questo nome che riprende quello del famoso fiume Nilo deriva dal greco "Neilos", in seguito latinizzato in "Nilus", il cui significato è "fiume". Chi porta questo nome possiede audacia, coraggio e fierezza, rendendolo capace di ogni impresa.
Origine: Greca
Numero portafortuna: 5
Colore: Giallo
Pietra Simbolo: Giada
Metallo: Ferro
Onomastico: 26 settembre
Segno zodiacale corrispondente: Pesci

NINA/NINO
Questo nome, che può essere un diminutivo, ha origine ebraica e significa "bello". Chi porta questo nome è una persona tenace, sincera e fedele, contraddistinta per il coraggio e la forza con cui affronta la vita.
Origine: Latina
Numero portafortuna: 1
Colore: Bianco
Pietra Simbolo: Topazio
Metallo: Mercurio
Onomastico: 15 dicembre

Segno zodiacale corrispondente: Leone

NINFA

Questo nome di origine greca indicava le divinità femminili dei boschi, delle selve, dei fiumi e dei laghi. In latino assume la forma "Nympha" e significa "fanciulla in età da marito". Chi porta questo nome è una persona dotata di grande fascino, bellezza ed intelligenza, conquistando facilmente chi le sta attorno.
Origine: Greca o Latina
Numero portafortuna: 2
Colore: Rosso
Pietra Simbolo: Rubino
Metallo: Mercurio
Onomastico: 10 novembre
Segno zodiacale corrispondente: Acquario

NIVES

Questo nome ha origini latine, deriva dal termine "ad nives" ed assume il significato di "neve". La portatrice di questo nome è una persona estremamente trasparente, dolce e tenera con gli altri.
Origine: Latina
Numero portafortuna: 2
Colore: Rosso
Pietra Simbolo: Rubino
Metallo: Oro
Onomastico: 5 agosto
Segno zodiacale corrispondente: Acquario

NOAH/NOA

Questo nome deriva dall'ebraico "Nóah" che significa "quiete, riposo". Chi porta questo nome è una persona coraggiosa, determinata e dotata di grande forza di volontà.
Origine: Ebraica

Numero portafortuna: 1
Colore: Giallo
Pietra Simbolo: Diamante
Metallo: Oro
Onomastico: 18 novembre
Segno zodiacale corrispondente: Leone

NOEMI

Questo nome deriva dal termine ebraico "Na'omiy" o "Nō'omî" e significa "gentilezza, dolcezza, gioia". La persona che porta questo nome è dotata di una vivacità e giovialità non comuni, molto intelligente è sempre aperta a nuove esperienze.
Origine: Ebraica
Varianti femminili: Naomi
Numero portafortuna: 3
Colore: Rosa
Pietra Simbolo: Rubino
Metallo: Ferro
Onomastico: 1° novembre
Segno zodiacale corrispondente: Ariete

NORA

Questo nome è un diminutivo del nome Eleonora, il quale deriva dal provenzale "Hellionor" e significa "creatura che ha pietà". La persona che porta questo nome è educata e determinata, rispettosa nei confronti della libertà e l'opinione altrui.
Origine: Provenzale
Numero portafortuna: 8
Colore: Arancio
Pietra Simbolo: Berillo
Metallo: Oro
Onomastico: 22 aprile
Segno zodiacale corrispondente: Gemelli

NORMA

Questo nome potrebbe derivare dalla parola latina norma, ossia "regola" oppure potrebbe derivare dalla forma tronca del termine danese "Nordmand" ossia "donna del nord". Chi possiede questo nome è una persona solare e trasparente che ambisce ad una vita libera.
Origine: Latina o Danese
Numero portafortuna: 3
Colore: Rosso
Pietra Simbolo: Zaffiro
Metallo: Oro
Onomastico: 8 maggio
Segno zodiacale corrispondente: Bilancia

NUNZIO/NUNZIA

Questo nome deriva dal termine latino "nuntio" che significa "annunciare, riferire". Chi porta questo nome è persona particolarmente curiosa, sognatrice, che convive tra razionalità e irrazionalità.
Origine: Latina
Numero portafortuna: 4
Colore: Bianco
Pietra Simbolo: Smeraldo
Metallo: Rame
Onomastico: 5 maggio
Segno zodiacale corrispondente: Scorpione

LETTERA O

ODILIA/ODDO
Questo nome ha origini germaniche, deriva dai termini "Audo" e "Odo" e significa "persona ricca, potente". Chi porta questo nome vive alla ricerca di un equilibrio, di una stabilità, sia fisica che mentale.
Origine: Germanica
Numero portafortuna: 3
Colore: Rosso
Pietra Simbolo: Rubino
Metallo: Mercurio
Onomastico: 18 novembre
Segno zodiacale corrispondente: Ariete

OFELIA
Questo nome deriva dal greco "ofeleia", che significa "che aiuta, che assiste". La persona dotata che porta questo nome possiede molta grazia e fascino, caratteristiche con le quali ottiene sempre quel che vuole.
Origine: Greca
Numero portafortuna: 2
Colore: Verde
Pietra Simbolo: Smeraldo
Metallo: Bronzo
Onomastico: 3 febbraio
Segno zodiacale corrispondente: Scorpione

OLGA
Questo nome deriva dall'antico scandinavo "Helga" che significa "santa, benedetta". La variante maschile è Oleg ("Helge"). Chi porta questo nome è una persona profonda e silenziosa, al tempo stesso efficiente.

Origine: Svedese
Varianti maschili: Oleg
Numero portafortuna: 8
Colore: Rosso
Pietra Simbolo: Rubino
Metallo: Oro
Onomastico: 11 luglio
Segno zodiacale corrispondente: Cancro

OLIMPIA

Questo nome deriva dal greco "olympos", il monte dimora degli dei, e significa "nata a Olimpo". Chi porta questo nome è una persona perseverante, ordinata e precisa.
Origine: Greca
Numero portafortuna: 5
Colore: Giallo
Pietra Simbolo: Topazio
Metallo: Oro
Onomastico: 17 dicembre
Segno zodiacale corrispondente: Leone

OLINDO/OLINDA

Questo nome deriva dal greco ed il suo significato è "fico selvatico". Chi porta questo nome è, solitamente, generoso e gentile, ottimista e con ottime capacità organizzative.
Origine: Greca
Numero portafortuna: 3
Colore: Verde
Pietra Simbolo: Smeraldo
Metallo: Rame
Onomastico: 1° novembre
Segno zodiacale corrispondente: Capricorno

OLIVERO
Questo nome di origine normanna, deriva probabilmente dal termine "Alfihar", il cui significato è "esercito di folletti, degli elfi". Chi porta questo nome è una persona precisa ed organizzata, a volte può sembrare permalosa.
Origine: Normanna
Numero portafortuna: 9
Colore: Giallo
Pietra Simbolo: Topazio
Metallo: Bronzo
Onomastico: 27 maggio
Segno zodiacale corrispondente: Sagittario

OLIVIA
Questo nome di origine celtica, proviene dall'associazione dei termini "Oll" e "Wer", e assume il significato di "tutto ardente". Chi porta questo nome è una persona a cui piace distinguersi e tenersi lontana dalle convenzioni.
Origine: Celtica
Varianti maschili: Olivio
Numero portafortuna: 9
Colore: Giallo
Pietra Simbolo: Topazio
Metallo: Bronzo
Onomastico: 10 giugno
Segno zodiacale corrispondente: Sagittario

OMAR
Questo nome potrebbe derivare dall'arabo "Umar", con il significato di "lunga vita" oppure dall'ebraico-letterario con il significato di "eloquente". Chi porta questo nome ha il profondo desiderio di essere amato, compreso ed apprezzato.
Origine: Araba o Ebraica
Onomastico: 1° novembre
Numero portafortuna: 7
Colore: Rosso

Pietra Simbolo: Rubino
Metallo: Oro
Segno zodiacale corrispondente: Capricorno

OMBRETTA
Questo nome di origine latina è il vezzeggiativo del termine "ombra", dal quale ne assume il significato. La portatrice di questo nome è una grande osservatrice e tende a meditare prima di prendere decisioni.
Origine: Latina
Numero portafortuna: 9
Colore: Giallo
Pietra Simbolo: Topazio
Metallo: Oro
Onomastico: 1° novembre
Segno zodiacale corrispondente: Vergine

OMERO
Questo nome deriva probabilmente dal greco e significa "ostaggio". Chi porta questo nome è una persona molto disponibile e sempre presente, passando talvolta per ingenua.
Origine: Greca
Numero portafortuna: 6
Colore: Bianco
Pietra Simbolo: Diamante
Metallo: Oro
Onomastico: 9 Settembre
Segno zodiacale corrispondente: Bilancia

ONDINA
Questo nome ha origine germanica e significa "nuotatrice". Chi porta questo nome è una persona profondamente sentimentale, emotiva e qualche volta incompresa.
Origine: Germanica

Numero portafortuna: 1
Colore: Bianco
Pietra Simbolo: Ametista
Metallo: Argento
Onomastico: 1° novembre
Segno zodiacale corrispondente: Pesci

ORAZIO
Questo nome deriva dal termine greco "Orates", poi latinizzato in "Horatius", con il significato di "chiaroveggente". Chi porta questo nome è dotato di determinazione e coraggio, ma anche di sensibilità.
Origine: Greca
Numero portafortuna: 4
Colore: Giallo
Pietra Simbolo: Topazio
Metallo: Oro
Onomastico: 1° novembre
Segno zodiacale corrispondente: Ariete

ORESTE
Questo nome ha origini dalla mitologia greca e deriva dalla parola "Orestees", che significa "montanaro". Il portatore di questo nome è, solitamente, indipendente, riservato e timido, anche se cerca comunque il contatto sociale.
Origine: Greca
Onomastico: 13 dicembre
Segno zodiacale corrispondente: Toro
Numero portafortuna: 9
Colore: Giallo
Pietra Simbolo: Topazio
Metallo: Oro

ORFEO
Questo nome ha probabili origini ebraiche, latinizzato poi in "Horpheus", significa "che ha la testa dura". Chi porta questo nome è una persona perseverante ed ambiziosa, che pretende il massimo dalla vita.
Origine: Ebraica
Numero portafortuna: 7
Colore: Giallo
Pietra Simbolo: Berillo
Metallo: Rame
Onomastico: 1° novembre
Segno zodiacale corrispondente: Leone

ORIANA
Questo nome deriva dal latino "aurum" e significa "dorata". La portatrice di questo nome è una persona solare, allegre, amante della vita.
Origine: Latina
Onomastico: 1° novembre
Segno zodiacale corrispondente: Acquario
Numero portafortuna: 9
Colore: Giallo
Pietra Simbolo: Topazio
Metallo: Oro

ORIETTA
Questo nome proviene dal termine greco "Hoorios" e significa "bella, elegante come l'oro". Chi porta questo nome è una persona tendenzialmente amichevole e disponibile, sempre pronta ad aiutare gli altri
Origine: Greca
Numero portafortuna: 9
Colore: Giallo
Pietra Simbolo: Topazio
Metallo: Oro
Onomastico: 25 maggio
Segno zodiacale corrispondente: Acquario

ORLANDO
Questo nome deriva dal termine franco-latino, di origine germanica, "Hruodolandus", che significa "famoso per la sua gloria". Chi porta questo nome è una persona positiva, poliedrica, ma bilanciata.
Origine: Germanica
Numero portafortuna: 1
Colore: Verde
Pietra Simbolo: Smeraldo
Metallo: Bronzo
Onomastico: 15 settembre
Segno zodiacale corrispondente: Pesci

ORNELLA
Questo nome si è originato grazie all'opera letteraria di D'annunzio, ispirato probabilmente dal nome popolare del frassino da manna (ornello). Chi porta questo nome è una persona creativa, di mentalità aperta e grande spirito di iniziativa.
Origine: Italiana
Numero portafortuna: 10
Colore: Verde
Pietra Simbolo: Diamante
Metallo: Rame
Onomastico: 1° novembre
Segno zodiacale corrispondente: Cancro

ORSOLA
Questo nome ha origine dal latino "Ursus" con il significato di "piccola orsa". Chi possiede questo nome è una persona con grandi qualità sensoriali, creative e manuali.
Origine: Latina
Numero portafortuna: 7
Colore: Blu
Pietra Simbolo: Zaffiro
Metallo: Oro

Onomastico: 21 Ottobre
Segno zodiacale corrispondente: Sagittario

ORTENSIA
Questo nome deriva dal termine latino "Hortensis" e significa "che sta nell'orto". Chi porta questo nome è una persona sociale, brava ad esprimersi, talvolta un po' opportunista.
Origine: Latina
Numero portafortuna: 2
Colore: Bianco
Pietra Simbolo: Rubino
Metallo: Rame
Onomastico: 1° novembre
Segno zodiacale corrispondente: Gemelli

OSCAR
Questo nome deriva dal tedesco arcaico "Oskar", latinizzato in "Anscarius", che significa "guerriero di Dio". Chi possiede questo nome è una persona estremamente sensibile, facilmente influenzabile, che ha il desiderio di essere compreso.
Origine: Germanica
Numero portafortuna: 2
Colore: Giallo
Pietra Simbolo: Diamante
Metallo: Oro
Onomastico: 3 febbraio
Segno zodiacale corrispondente: Scorpione

OTTAVIO/OTTAVIA
Questo nome deriva dal termine latino "Octavius", il cui significato è "ottavo". Dotato di una grande personalità e buon temperamento, Ottavio è generalmente impulsivo, caratteristica che lo rende molto affascinante. Ha doti creative ed è ambizioso, ma anche determinato e generoso.

Origine: Latina
Varianti maschili: Ottavo, Ottavino, Ottaviano
Varianti femminili: Ottava, Ottavina, Ottaviana
Numero portafortuna: 3
Colore: Blu
Pietra Simbolo: Zaffiro
Metallo: Ferro
Onomastico: 20 novembre
Segno zodiacale corrispondente: Vergine

LETTERA P

PACIFICO
Questo nome deriva dal termine latino "pax, pacis" e significa "mansueto, colui che ama la pace". Chi porta questo nome è una persona tranquilla, pacata e silenziosa.
Origine: Latina
Numero portafortuna: 4
Colore: Verde
Pietra Simbolo: Smeraldo
Metallo: Ferro
Onomastico: 24 settembre
Segno zodiacale corrispondente: Pesci

PALMIRA
Questo nome trae origine da una città della Siria ormai distrutta e significa "città delle palme". Chi possiede questo nome è una persona buona, onesta e sincera.
Origine: Siriana
Varianti femminili: Palmeria, Palmiera, Palmerina
Varianti femminili alterate: Mira
Varianti maschili: Palmiro, Parlmerio, Palmiera, Palmirino
Varianti maschili alterate: Miro
Numero portafortuna: 14
Colore: Giallo
Pietra Simbolo: Topazio
Metallo: Bronzo
Onomastico: 8 luglio
Segno zodiacale corrispondente: Leone

PAMELA
Questo nome ha origini letterarie e riprendendo alcuni termini greci, assume il significato di "tutta dolcezza". Chi porta questo nome è una persona ottimista e allegra, maliziosa ma fedele.
Origine: Greca
Numero portafortuna: 4
Colore: Blu
Pietra Simbolo: Zaffiro
Metallo: Argento
Onomastico: 1° novembre
Segno zodiacale corrispondente: Vergine

PAOLO/PAOLA
Questo nome deriva dal cognomen latino "Paulus", il cui significato letterale è "di piccola taglia, di piccola quantità". Chi porta questo nome è una persona molto particolare, a volte irritante e antipatica, a volte dolce e bisognosa di attenzioni.
Origine: Latina
Varianti maschili: Polo
Varianti maschili alterate: Paolino, Paolone, Paoletto, Paolotto, Paoluccio, Paolillo
Ipocoristici maschili: Lino, Lotto, Lillo
Nomi composti maschili: Gianpaolo, Pierpaolo
Varianti femminili alterate: Paolina, Paoletta
Ipocoristici femminili: Lina
Numero portafortuna: 5
Colore: Rosso
Pietra Simbolo: Rubino
Metallo: Oro
Onomastico: 29 giugno
Segno zodiacale corrispondente: Cancro

PARIDE
Questo nome deriva dal greco "Pàris" e significa "lottatore, battagliero". Chi possiede questo nome è una persona che non conosce la paura e con un grande spirito di sacrificio.
Origine: Greca
Numero portafortuna: 8
Colore: Giallo
Pietra Simbolo: Topazio
Metallo: Rame
Onomastico: 5 agosto
Segno zodiacale corrispondente: Sagittario

PASQUALE
Questo nome, utilizzato solitamente per chi nasce nei giorni della Pasqua, deriva dal termine ebraico "pesah", che assume il significato di "passaggio". Chi porta questo nome è una persona ilare, che affronta la vita con il sorriso e che difficilmente si lascia prendere dallo sconforto.
Origine: Ebraica
Varianti maschili: Pascasio
Varianti maschili alterate: Pasqualino
Varianti femminili: Pasquala, Pascasia
Varianti femminili alterate: Pasqualina
Numero portafortuna: 7
Colore: Arancio
Pietra Simbolo: Berillo
Metallo: Rame
Onomastico: 17 maggio
Segno zodiacale corrispondente: Toro

PATRIZIO/PATRIZIA
Questo nome deriva dal termine latino "patricius" e significa "di nobile stirpe". Chi porta questo nome è una persona volenterosa, responsabile ed indipendente.
Origine: Latina

Varianti maschili: Patrick
Varianti femminili: Patricia
Numero portafortuna: 5
Colore: Arancio
Pietra Simbolo: Berillo
Metallo: Bronzo
Onomastico: 25 agosto
Segno zodiacale corrispondente: Pesci

PENELOPE
Questo nome deriva dal greco "Penelòpe" il cui significato potrebbe essere "tessitrice". Chi porta questo nome è una persona dolce, coraggiosa e maniaca del controllo.
Origine: Greca
Numero portafortuna: 7
Colore: Rosso
Pietra Simbolo: Rubino
Metallo: Ferro
Onomastico: 5 maggio
Segno zodiacale corrispondente: Toro

PERICLE
Questo nome proviene dal termine greco "Perikles" con il significato complessivo di "circondato di gloria". Il portatore di questo nome è una persona leale, avventurosa ed esigente.
Origine: Greca
Numero portafortuna: 4
Colore: Blu
Pietra Simbolo: Zaffiro
Metallo: Argento
Onomastico: 1° novembre
Segno zodiacale corrispondente: Vergine

PERLA

Questo nome augurale ha origini latine ed assume il significato di "preziosa, bella". Chi possiede questo nome è una persona delicata, cortese e sincera.
Origine: Latina
Numero portafortuna: 2
Colore: Rosa
Pietra Simbolo: Ambra
Metallo: Oro
Onomastico: 1° novembre
Segno zodiacale corrispondente: Cancro

PIERO/PIERA

Questo nome è la variante del nome Pietro e deriva dal termine greco "petros", il cui significato è "roccia" o *"Pietra"*. Chi porta questo nome è una persona in continua evoluzione, piena di idee e progetti.
Origine: Greca
Varianti maschili: Pier
Varianti maschili alterate: Pierino, Pierotto
Nomi composti maschili: Pierangelo, Pierantonio, Piercarlo, Piergiorgio, Pierluigi, Piermaria, Pierpaolo
Varianti femminili alterate: Pierina, Pieretta
Nomi composti femminili: Pieranna
Numero portafortuna: 8
Colore: Giallo
Pietra Simbolo: Diamante
Metallo: Oro
Onomastico: 29 giugno
Segno zodiacale corrispondente: Leone

PIETRO/PIETRA

Questo nome deriva dal termine greco "petros", il cui significato è "roccia" o "pietra". Chi porta questo nome è una persona piena di idee, con una grande manualità ed un grande ingegno.
Origine: Greca

Corrispondente femminile: Pietra
Varianti maschili: Piero
Varianti maschili alterate: Pietrino, Petrone, Petroncino
Nomi composti maschili: Pietrangelo, Pietrantonio
Varianti femminili: Piera
Varianti femminili alterate: Pietrina, Pierina, Peronella
Numero portafortuna: 8
Colore: Giallo
Pietra Simbolo: Diamante
Metallo: Oro
Onomastico: 29 giugno
Segno zodiacale corrispondente: Leone

PIO/PIA
Questo nome ha origine dalla devozione cristiana, significa infatti "ligio alla religione". La persona che porta questo nome ha un'anima innocente, è fiduciosa verso il prossimo e di indole tranquilla.
Origine: Latina
Nomi femminili composti: Mariapia
Numero portafortuna: 4
Colore: Verde
Pietra Simbolo: Zaffiro
Metallo: Oro
Onomastico: 19 Gennaio
Segno zodiacale corrispondente: Vergine

PLINIO
Questo nome deriva dal latino "Plenus" e significa "grasso, pieno". Chi porta questo nome è un tipo imprevedibile ma sul quale, amici e familiari, possono sempre fare affidamento.
Origine: Latina
Numero portafortuna: 5
Colore: Arancio
Pietra Simbolo: Berillo

Metallo: Bronzo
Onomastico: 1° novembre
Segno zodiacale corrispondente: Pesci

PORZIA
Questo antico nome ha origine latina e significa "separata". La donna che porta questo nome è precisa, creativa, bisognosa di continue e nuove attività.
Origine: Latina
Numero portafortuna: 1
Colore: Bianco
Pietra Simbolo: Zaffiro
Metallo: Platino
Onomastico: 8 ottobre
Segno zodiacale corrispondente: Pesci

PRIAMO
Questo nome deriva dal greco "Priamos" e significa "il riscattato". Chi porta questo nome ha la competizione nel sangue, si impegna sempre per migliorare sé stesso e, quando possibile, gli altri.
Origine: Greca
Numero portafortuna: 6
Colore: Giallo
Pietra Simbolo: Acquamarina
Metallo: Oro
Onomastico: 28 maggio
Segno zodiacale corrispondente: Sagittario

PRISCA
Questo nome deriva dal latino "Priscus", cognomen di un'antichissima gens latina, che significa "delle prime età, assai vecchio". Chi porta questo nome ha una personalità curiosa e misteriosa, anche se, in realtà, è una persona allegra e premurosa.
Origine: Latina

Numero portafortuna: 1
Colore: Nero
Pietra Simbolo: Smeraldo
Metallo: Piombo
Onomastico: 18 gennaio
Segno zodiacale corrispondente: Scorpione

PRISCILLA

Questo nome è il diminutivo femminile del nome latino "Priscus" che significa "molto antica". Chi possiede questo nome ha un carattere misterioso, che nasconde un animo buono e generoso.
Origine: Latina
Numero portafortuna: 3
Colore: Blu
Pietra Simbolo: Zaffiro
Metallo: Rame
Onomastico: 18 gennaio
Segno zodiacale corrispondente: Cancro

LETTERA Q

QUASIMODO
Questo nome ha origine letteraria (Victor Hugo) ed è probabilmente ispirato al termine "quasimodogeniti" che, per la chiesa luterana, indicava la prima domenica dopo la Pasqua. Chi possiede questo nome è una persona molto timida ma, allo stesso tempo, gentile, cordiale e molto generosa.
Origine: Letteraria
Numero portafortuna: 57
Colore: Marrone
Pietra Simbolo: Smeraldo
Metallo: Rame
Onomastico: 1° novembre
Segno zodiacale corrispondente: Cancro

QUINTO/QUINTA
Questo nome deriva dal latino "Quintus" e significa "quinto nato". Chi porta questo nome è una persona paziente, socievole, gentile, ed ha sempre una parola di conforto per i più bisognosi.
Origine: Latina
Varianti maschili: Quintino, Quintilio
Varianti femminili: Quintina, Quintilia
Numero portafortuna: 1
Colore: Blu
Pietra Simbolo: Diamante
Metallo: Oro
Onomastico: 19 marzo
Segno zodiacale corrispondente: Sagittario

QUIRICO/QUIRICA

Questo nome deriva dal termine greco "kyrios" e può significare "consacrato dal signore". Chi possiede questo nome è una persona di cuore, generosa e comprensiva.
Origine: Greca
Varianti maschili: Cirico, Chirico, Quiriaco
Varianti femminili: Ciriaca
Numero portafortuna: 4
Colore: Giallo
Pietra Simbolo: Ametista
Metallo: Argento
Onomastico: 16 giugno
Segno zodiacale corrispondente: Leone

QUIRINO/QUIRINA

Questo nome deriva dal latino "Quirinus", soprannome di Romolo, fondatore di Roma, che significa "armato di lancia". La persona che porta questo nome è estremamente onesta ed affettuosa, a volte però, prevale l'ira.
Origine: Sabina
Numero portafortuna: 9
Colore: Rosso
Pietra Simbolo: Rubino
Metallo: Ferro
Onomastico: 4 Giugno
Segno zodiacale corrispondente: Capricorno

LETTERA R

RACHELE
Questo nome deriva dal termine ebraico "Rachel" e significa "pecorella". Chi porta questo nome è una persona ribelle, solare e con una personalità brillante.
Origine: Ebraica
Numero portafortuna: 2
Colore: Arancio
Pietra Simbolo: Berillo
Metallo: Rame
Onomastico: 30 settembre
Segno zodiacale corrispondente: Sagittario

RAFFAELE/RAFFAELA
Questo nome deriva dal nome ebraico "Rephael" o "Rafa'el" il cui significato letterale è "Dio guarisce". Chi porta questo nome è una persona allegra e solare, sa quello che vuole e sa come ottenerlo.
Origine: Ebraica
Varianti maschili: Raffaello
Varianti maschili alterate: Raffaelino, Raffaellino
Ipocoristici maschili: Lele, Lello, Raffo
Varianti femminili: Raffaella
Numero portafortuna: 7
Colore: Giallo
Pietra Simbolo: Topazio
Metallo: Oro
Onomastico maschile: 29 settembre
Onomastico femminile: 24 ottobre
Segno zodiacale corrispondente: Acquario

RAIMONDO/RAIMONDA
Questo nome deriva dal termine germanico "Reinmund" e significa "perspicace, difensore". Chi porta questo nome è una persona fiera, calma e con elevate capacità organizzative.
Origine: Germanica
Variante femminile: Ramona
Numero portafortuna: 9
Colore: Blu
Pietra Simbolo: Zaffiro
Metallo: *Metallo*
Onomastico: 31 agosto
Segno zodiacale corrispondente: Acquario

RAUL
Questo nome deriva dal latino "Raulus" e significa "gloria della nazione". Chi porta questo nome è una persona dotata di incredibile fascino, cultura ed intelligenza.
Origine: Latina
Varianti maschili: Raoul, Raulo
Numero portafortuna: 4
Colore: Amaranto
Pietra Simbolo: Zaffiro
Metallo: Argento
Onomastico: 21 Giugno
Segno zodiacale corrispondente: Cancro

REBECCA
Questo nome deriva dal termine ebraico "ribhqeh" e significa "legame". Chi porta questo nome è una persona molto sensibile, socievole, ma allo stesso tempo astuta e calcolatrice.
Origine: Ebraica
Numero portafortuna: 1
Colore: Verde
Pietra Simbolo: Smeraldo

Metallo: Ferro
Onomastico: 23 settembre
Segno zodiacale corrispondente: Sagittario

REGINA
Questo nome deriva dall'antico germanico e significa "persona che domina". Al contrario di come sembra, chi porta questo nome è una persona semplice, senza troppi fronzoli, a cui piace far del bene agli altri.
Origine: Germanica
Numero portafortuna: 4
Colore: Rosso
Pietra Simbolo: Rubino
Metallo: Stagno
Onomastico: 7 settembre
Segno zodiacale corrispondente: Capricorno

REMO
Questo nome deriva dal latino "Remus", tratto dal greco "reo", che significa "che scorre". La persona che porta questo nome è piuttosto timida, ma ha una personalità affascinante, tutta da scoprire.
Origine: Latina
Numero portafortuna: 6
Colore: Arancio
Pietra Simbolo: Berillo
Metallo: Oro
Onomastico: 22 dicembre
Segno zodiacale corrispondente: Cancro

RENATO/RENATA
Questo nome ha origine celtica e significa "nato di nuovo". Chi porta questo nome è una persona alla mano, autoironica e riesce a trasformare i difetti in virtù.
Origine: Celtica

Numero portafortuna: 7
Colore: Blu
Pietra Simbolo: Zaffiro
Metallo: Mercurio
Onomastico: 12 novembre
Segno zodiacale corrispondente: Sagittario

RICCARDO
Questo nome, di origine germanica, è la continuazione naturale del nome "Richard" e significa complessivamente "forte signore". Chi porta questo nome è una persona sicura di sé, positiva e comunicativa.
Origine: Germanica
Corrispettivo femminile: Riccarda
Varianti maschili: Ricciardo, Ricardo, Riciardo, Rizzardo
Varianti maschili alterate: Riccardino, Riccarduccio
Ipocoristici maschili: Cardo, Ciardo, Cardino
Varianti femminili: Ricciarda, Rizzarda, Ricarda
Numero portafortuna: 7
Colore: Rosso
Pietra Simbolo: Rubino
Metallo: Oro
Onomastico maschile: 3 aprile
Onomastico femminile: 18 settembre
Segno zodiacale corrispondente: Gemelli

ROBERTO/ROBERTA
Questo nome deriva dal termine germanico "Hrodebert" e significa "splendente di gloria" o "illustre per fama". Chi porta questo nome è una persona intelligente, dotata di vivacità e coraggiosa.
Origine: Germanica
Varianti maschili: Ruperto
Ipocoristici maschili: Berto, Robi, Roby, Rob
Varianti femminili alterate: Robertina
Ipocoristici femminili: Berta, Robi, Roby, Rob, Ro

Numero portafortuna: 6
Colore: Rosso
Pietra Simbolo: Rubino
Metallo: Rame
Onomastico: 17 settembre
Segno zodiacale corrispondente: Vergine

ROCCO
Questo nome ha origini celtiche e significa "di alta statura". La persona che porta questo nome è molto educata, istruita e studiosa.
Origine: Celtica
Varianti maschili: Rocchino, Rocchetta
Varianti femminili: Rocca, Rocchina, Rocchetta
Onomastico: 16 agosto
Segno zodiacale corrispondente: Ariete
Numero portafortuna: 7
Colore: Giallo
Pietra Simbolo: Topazio
Metallo: Oro

ROMANO/ROMANA
Questo nome deriva dal latino "Romanus" e significa "abitante di Roma". Chi porta questo nome è una persona altruista e simpatica, che pensa sempre al bene altrui.
Origine: Latina
Onomastico: 9 agosto
Segno zodiacale corrispondente: Ariete
Numero portafortuna: 7
Colore: Rosso
Pietra Simbolo: Rubino
Metallo: Rame

ROMEO
Questo nome deriva dal latino "romaeus", ed ha il significato di "pellegrino che va per devozione a Roma". Chi porta questo nome è una persona molto espansiva, gioviale e grande lavoratrice.
Origine: Latina
Onomastico: 25 febbraio
Segno zodiacale corrispondente: Vergine
Numero portafortuna: 4
Colore: Rosso
Pietra Simbolo: Rubino
Metallo: Rame

ROMILDA
Questo nome ha origine longobarda e significa "eroina, guerriera gloriosa". La portatrice di questo nome è una persona dotata di grande forza di volontà, coraggio e determinazione.
Origine: Longobarda
Numero portafortuna: 4
Colore: Verde
Pietra Simbolo: Topazio
Metallo: Argento
Onomastico: 1° novembre
Segno zodiacale corrispondente: Capricorno

ROMINA
Questo nome deriva dal latino "Romanus" e significa "abitante di Roma". La portatrice di questo nome ha un'alta convinzione di sé, ma allo stesso tempo risulta fragile ed insicura.
Origine: Latina
Numero portafortuna: 7
Colore: Rosso
Pietra Simbolo: Rubino
Metallo: Rame
Onomastico: 23 Febbraio

Segno zodiacale corrispondente: Ariete

ROMOLO
Questo nome deriva da "Romilia", epiteto di una gens romana, che significa "che vive vicino al fiume". Chi porta questo nome è una persona dotata di molteplici qualità, prima fra tutte la generosità.
Origine: Latina
Numero portafortuna: 7
Colore: Blu
Pietra Simbolo: Diamante
Metallo: Ferro
Onomastico: 6 luglio
Segno zodiacale corrispondente: Cancro

ROSA
Questo nome deriva dal latino e significa "rosa". Chi porta questo nome è una persona solare, tranquilla e riservata.
Origine: Latina
Varianti femminili: Rosi, Rosina, Rosetta, Rosella, Rossella, Rosellina
Nomi femminili composti: Rosanna, Annarosa, Rosalba, Mariarosa, Rosangela, Rosaura
Varianti maschili: Roso, Rosello, Rosino, Rosetto, Rosalino
Onomastico: 23 agosto
Segno zodiacale corrispondente: Scorpione
Numero portafortuna: 3
Colore: Blu
Pietra Simbolo: Zaffiro
Metallo: Oro

ROSALIA
Questo nome deriva dal provenzale "Rocelin", latinizzato in "Rosàlia", e significa "corona di rose". Chi porta questo nome è una persona determinata, diretta e sincera.

Origine: Latina
Varianti femminili: Lia, Rosalina
Varianti maschili: Rosolino
Numero portafortuna: 6
Colore: Verde
Pietra Simbolo: Smeraldo
Metallo: Argento
Onomastico: 4 settembre
Segno zodiacale corrispondente: Cancro

ROSARIA/ROSARIO
Questo nome deriva dalla parola latina "rosarium" traducibile come "corona di rose, roseto". Chi porta questo nome è una persona curiosa ed impulsiva, che ha bisogno di molto autocontrollo per mantenere la calma.
Origine: Latina
Varianti femminili: Rosarina
Varianti maschili: Sario
Numero portafortuna: 8
Colore: Giallo
Pietra Simbolo: Pirite
Metallo: Argento
Onomastico: 7 ottobre
Segno zodiacale corrispondente: Bilancia

ROSSANA/ROSSANO
Questo nome deriva dal termine persiano "Roshanak", trasposto nel greco "roxane", il cui significato letterale è "luminosa, splendente". Chi porta questo nome è una persona pudica ed inquieta, nonostante sia dolce e affettuosa.
Origine: Persiana
Varianti maschili: Rossando
Varianti femminili: Rossane, Rossanda
Numero portafortuna: 6
Colore: Verde

Pietra Simbolo: Smeraldo
Metallo: Mercurio
Onomastico: 1° novembre
Segno zodiacale corrispondente: Sagittario

RUBEN
Questo nome ha origine ebraica e significa "figlio della Provvidenza". La persona che porta questo nome è ribelle, poliedrica e volubile.
Origine: Ebraica
Numero portafortuna: 6
Colore: Blu
Pietra Simbolo: Zaffiro
Metallo: Oro
Onomastico: 1° agosto
Segno zodiacale corrispondente: Pesci

RUGGERO
Questo nome deriva dai termini sassoni "hrod" e "gar", e significa "lancia gloriosa". Chi porta questo nome è una persona solitaria, comunque affettuosa e con molti interessi.
Origine: Sassone
Numero portafortuna: 9
Colore: Rosso
Pietra Simbolo: Rubino
Metallo: Rame
Onomastico: 15 ottobre
Segno zodiacale corrispondente: Cancro

RUTH
Questo nome deriva dall'ebraico "Re'hut", latinizzato in "Ruth", e significa "amica". Chi porta questo nome è una persona cordiale, generosa e paziente.
Origine: Ebraica
Numero portafortuna: 7

Colore: Arancio
Pietra Simbolo: Zaffiro
Metallo: Rame
Onomastico: 16 agosto
Segno zodiacale corrispondente: Bilancia

LETTERA S

SABINA/SABINO
Questo nome trae la sua origine dal termine latino "Sabinus" che significa "abitante della Sabina. Chi porta questo nome è una persona rispettosa, trasparente e generosa.
Origine: Latine
Variante alterata maschile: Savino
Variante alterata femminile: Savina
Numero portafortuna: 5
Colore: Blu
Pietra Simbolo: Corniola
Metallo: Ferro
Onomastico: 29 agosto
Segno zodiacale corrispondente: Ariete

SABRINA
Questo deriva dal termine ebraico "sabre", ovvero il frutto del cactus, e significa "affilata e pungente". Chi porta questo nome è una persona vivace, allegra e, in apparenza, scontrosa.
Origine: Ebraica
Corrispettivo maschile: Sabrino
Numero portafortuna: 1
Colore: Blu
Pietra Simbolo: Zaffiro
Metallo: Ferro
Onomastico: 29 gennaio
Segno zodiacale corrispondente: Ariete

SALVATORE
Questo nome deriva dal termine ebraico "Yĕhošūa'" e significa "salvatore dell'uomo" oppure "colui che salva". Chi porta questo nome è una persona forte e determinata, talvolta gelosa.
Origine: Ebraica
Corrispettivo femminile: Salvatrice o Salvatora
Varianti maschili: Salvadore, Salvatorico
Varianti maschili alterate: Salvatorino
Ipocoristici maschili: Salvato, Salvo, Tore, Dore, Rino, Totò
Varianti femminili: Salvadora, Salvatorica
Varianti femminili alterate: Salvatorina
Ipocoristici femminili: Dora, Dorina
Numero portafortuna: 8
Colore: Rosso
Pietra Simbolo: Rubino
Metallo: Ferro
Onomastico: 18 marzo e 6 agosto
Segno zodiacale corrispondente: Acquario

SAMANTHA
Questo nome ha origini ebraiche e significa "fanciulla sacra". Chi porta questo nome è una persona vispa, perspicace, allegra.
Origine: Ebraica
Numero portafortuna: 8
Colore: Blu
Pietra Simbolo: Zaffiro
Metallo: Ferro
Onomastico: 1° novembre
Segno zodiacale corrispondente: Sagittario

SAMUELE
Questo nome ha origini ebraiche e deriva da "Shemu'el" e significa "il suo nome è Dio". Chi porta questo nome è una persona forte e determinata, pronta a difendere le cause in cui crede.

Origine: Ebraica
Corrispettivo femminile: Samuela
Numero portafortuna: 8
Colore: Rosso
Pietra Simbolo: Rubino
Metallo: Oro
Onomastico: 16 febbraio e 10 ottobre
Segno zodiacale corrispondente: Acquario

SANTA/SANTO

Questo nome deriva dalla parola latina "sanctus" e significa "sacro" o "dedicato a Dio". Chi porta questo nome è una persona esuberante, corretta e sempre presente nel momento del bisogno.
Origine: Latina
Varianti maschili: Sante, Santi
Alterazioni maschili: Santillo, Santino, Santuccio, Santolo, Santolo
Varianti femminili alterate: Santina, Santuccia, Santola, Santilla
Numero portafortuna: 6
Colore: Arancione
Pietra Simbolo: Topazio
Metallo: Bronzo
Onomastico: 2 giugno e 22 settembre
Segno zodiacale corrispondente: Gemelli

SARA

Questo nome deriva dal termine ebraico "Sarah" il cui significato è "principessa" o "signora". Chi porta questo nome è una persona coraggiosa, audace e molto paziente.
Origine: Ebraica
Varianti femminili alterate: Sarina, Saretta
Numero portafortuna: 2
Colore: Rosso
Pietra Simbolo: Rubino
Metallo: Oro

Onomastico: 20 aprile
Segno zodiacale corrispondente: Leone

SAUL
Questo nome deriva dall'aramaico "Shaul" e significa "desiderato". La persona che porta questo nome è raffinata, colta e piuttosto riservata.
Origine: Aramaica
Numero portafortuna: 9
Colore: Rosso
Pietra Simbolo: Rubino
Metallo: Rame
Onomastico: 25 gennaio
Segno zodiacale corrispondente: Gemelli

SAVERIO
Questo nome è la variante italiana di "Xavier" e assume il significato di "casa nuova". Chi porta questo nome è una persona semplice ed attiva, anche se spesso ansiosa.
Origine: Spagnola
Varianti maschili: Zaverio, Saverino
Varianti femminili: Saveria, Saverina
Numero portafortuna: 7
Colore: Blu
Pietra Simbolo: Zaffiro
Metallo: Ferro
Onomastico: 31 gennaio
Segno zodiacale corrispondente: Capricorno

SEBASTIANO
Questo nome deriva dal greco "sabastos" e significa "degno di venerazione, di rispetto". Chi porta questo nome è una persona con grandi doti oratorie e di leadership.
Origine: Greca

Varianti maschili: Bastiano
Varianti femminili: Sebastiana
Numero portafortuna: 4
Colore: Blu
Pietra Simbolo: Zaffiro
Metallo: Rame
Onomastico: 20 gennaio
Segno zodiacale corrispondente: Pesci

SELENE/SELENA
Questo nome deriva dall'omonima parola greca che indicava la Luna, e significa "ente divino" o "luminosa". Chi porta questo nome ama mostrare la sua emancipazione, la sua indipendenza ed i suoi punti di vista.
Origine: Greca
Numero portafortuna: 6
Colore: Verde
Pietra Simbolo: Ambra
Metallo: Rame
Onomastico: 2 aprile
Segno zodiacale corrispondente: Capricorno

SERENA
Questo nome proviene dal soprannome latino "Serenus" e significa "limpida, priva di nubi". Chi porta questo nome è una persona umile, piena di carisma, che cerca sempre di dare l'esempio.
Origine: Latina
Corrispettivo maschile: Sereno
Varianti maschili alterate: Serenello
Varianti femminili alterate: Serenella
Numero portafortuna: 2
Colore: Verde
Pietra Simbolo: Smeraldo
Metallo: Rame
Onomastico: 16 agosto

Segno zodiacale corrispondente: Acquario

SERGIO
Questo nome ha origine dal termine gentilizio latino "Sergius" e significa "guardiano" o "servo". Chi porta questo nome è generalmente una persona generosa ed intraprendente, carismatica e positiva.
Origine: Latina
Corrispettivo femminile: Sergia
Variante maschile alterata: Sergino
Variante femminile alterata: Sergina
Numero portafortuna: 9
Colore: Rosso
Pietra Simbolo: Rubino
Metallo: Rame
Onomastico: 24 febbraio
Segno zodiacale corrispondente: Vergine

SIBILLA
Questo nome ha origine dai termini greci "Sios" e "Bolla", e significa "che fa conoscere la volontà di Dio". La persona che porta questo nome ha un animo tranquillo e sereno, sempre fedele a chi ritiene speciale.
Origine: Greca
Numero portafortuna: 5
Colore: Verde
Pietra Simbolo: Pirite
Metallo: Ferro
Onomastico: 19 marzo
Segno zodiacale corrispondente: Acquario

SILVANA/SILVANO
Questo nome ha origine dal termine latino "Silvanus", un'antica divinità romana, e significa "proveniente dalla selva". Chi porta questo nome è una

persona generosa e infaticabile, che fa della tenacia il suo più grande punto di forza.
Origine: Latina
Ipocoristico maschile: Sila
Varianti femminili alterate: Silvanella, Silvanina, Silvanetta
Ipocoristici femminili: Nina, Nuccia
Numero portafortuna: 3
Colore: Verde
Pietra Simbolo: Ambra
Metallo: Ferro
Onomastico maschile: 6 febbraio e 21 agosto
Segno zodiacale corrispondente: Toro

SILVESTRO
Questo nome deriva dal latino "Silvester" e significa "che vive nella foresta". L'uomo che porta questo nome è cordiale e buono, ottimista e leale.
Origine: Latina
Numero portafortuna: 1
Colore: Bianco
Pietra Simbolo: Diamante
Metallo: Argento
Onomastico: 31 dicembre
Segno zodiacale corrispondente: Scorpione

SILVIA/SILVIO
Questo nome deriva dal termine latino "silvius" e significa "abitante del bosco". Chi porta questo nome è una persona riflessiva e pacata, affettuosa ed abitudinaria.
Origine: Latina
Varianti maschili: Silvo, Selvo, Silviano
Varianti alterate maschili: Silvino, Silvietto, Selvino
Nomi composti maschili: Giansilvio, Piersilvio
Numero portafortuna: 8
Colore: Bianco
Pietra Simbolo: Diamante
Metallo: Oro

Onomastico maschile: 1° marzo
Onomastico femminile: 3 novembre
Segno zodiacale corrispondente: Acquario

SIMONE/SIMONA
Questo nome deriva dall'ebraico "Shim'on" e significa "colui che ascolta". Chi porta questo nome è una persona affascinante, quasi mai con i piedi per terra, piena di vita ma che si lascia troppo facilmente trascinare dagli altri.
Origine: Ebraica
Varianti maschili: Simeone, Simeo
Varianti alterate maschili: Simoncello, Simonello, Simoncetto, Simonetto, Simoncino, Simonino
Ipocoristici maschili: Simo, Mone, Mona, Cino, Cello, Cetto
Varianti femminili: Simeona
Varianti femminili alterate: Simonetta, Simonina, Simoncina, Simonella
Ipocoristici femminili: Simo, Mona
Numero portafortuna: 1
Colore: Blu
Pietra Simbolo: Zaffiro
Metallo: Bronzo
Onomastico: 28 ottobre
Segno zodiacale corrispondente: Cancro

SIRIA/SIRIO
Questo nome deriva dal greco "Seiros", latinizzato in "Sirius", e significa "splendente, ardente". Chi porta questo nome è una persona pacata, riflessiva e mite.
Origine: Greca
Numero portafortuna: 7
Colore: Blu
Pietra Simbolo: Acquamarina
Metallo: Argento
Onomastico: 9 dicembre
Segno zodiacale corrispondente: Scorpione

SOFIA
Questo nome ha origini greche e deriva dalla parola "sophìa" il cui significato è "sapienza, saggezza". Chi porta questo nome è una persona calma e curiosa, che tende però ad isolarsi se si sente incompresa.
Origine: Greca
Ipocoristici: Sofi, Sonia
Numero portafortuna: 2
Colore: Blu
Pietra Simbolo: Zaffiro
Metallo: Argento
Onomastico: 30 settembre
Segno zodiacale corrispondente: Gemelli

SPARTACO
Questo nome deriva dal greco "Spartakos", latinizzato in "Spartacus", con il significato di "cordaio" o "seminatore". Chi porta questo nome ha un grande cuore, legato ai familiari e rispettoso con il prossimo.
Origine: Greca
Numero portafortuna: 3
Colore: Giallo
Pietra Simbolo: Ambra
Metallo: Rame
Onomastico: 22 dicembre
Segno zodiacale corrispondente: Gemelli

STEFANO/STEFANIA
Questo nome deriva dal greco "stephanos", latinizzato in "stephanus", e significa "incoronato". Chi porta questo nome è una persona che ha una personalità tagliente, piena di fascino anche se, a volte, risulta essere un po' introversa.
Origine: Greca
Varianti maschili: Stefanio
Varianti maschili alterate: Stefanino
Ipocoristici maschili: Steno

Varianti femminili: Stefana
Varianti femminili alterate: Stefanina, Stefanella
Ipocoristici femminili: Stefi, Ste, Stenia, Stena, Fania
Numero portafortuna: 9
Colore: Verde
Pietra Simbolo: Smeraldo
Metallo: Rame
Onomastico: 26 dicembre
Segno zodiacale corrispondente: Vergine

STELLA
Questo nome ha origini latine e significa proprio "stella, astro luminoso". è una persona raggiante e brillante, è allegra, solare e vivace. Stella non ha nemici, riesce ad essere amica di tutti grazie alla sua bontà e spontaneità.
Origine: Latina
Varianti femminili: Maristella
Numero portafortuna: 8
Colore: Blu
Pietra Simbolo: Zaffiro
Metallo: Oro
Onomastico: 11 maggio
Segno zodiacale corrispondente: Toro

SUSANNA
Questo nome deriva dall'ebraico "Shoshannah" e significa "giglio". Chi porta questo nome è una persona trasparente e positiva, che cerca di dire sempre la sua, nel bene e nel male.
Origine: Ebraica
Numero portafortuna: 3
Colore: Giallo
Pietra Simbolo: Ametista
Metallo: Ottone
Onomastico: 11 agosto e 19 gennaio
Segno zodiacale corrispondente: Acquario

LETTERA T

TADDEO
Questo nome ha origine aramaica e significa "colui che loda". Chi possiede questo nome è una persona dall'animo nobile, rispettosa degli altri e sempre pronta ad aiutare il prossimo.
Origine: Aramaica
Varianti femminili alterate: Dea
Numero portafortuna: 7
Colore: Violetto
Pietra Simbolo: Acquamarina
Metallo: Oro
Onomastico: 28 ottobre
Segno zodiacale corrispondente: Cancro

TAIDE
Questo nome ha origine egizia e significa probabilmente "di Tebe". La donna che porta questo nome è piena di iniziative e progetti, nonché obiettivi che generalmente riesce a realizzare.
Origine: Egizia
Varianti femminili: Taisia, Thais
Numero portafortuna: 6
Colore: Rosa
Pietra Simbolo: Berillo
Metallo: Ferro
Onomastico: 8 ottobre
Segno zodiacale corrispondente: Bilancia

TAMARA
Questo nome è di origine ebraica e significa "palma". La donna portatrice di questo nome è dolce e solare, affascinante e talvolta misteriosa.
Origine: Ebraica
Numero portafortuna: 1
Colore: Rosso
Pietra Simbolo: Rubino
Metallo: Oro
Onomastico: 1° novembre
Segno zodiacale corrispondente: Cancro

TANCREDI
Questo nome deriva dal germanico "Tankred" e significa "consigliere geniale". Chi porta questo nome è solare, allegro e riesce a trasmettere il suo entusiasmo a chi gli sta accanto.
Origine: Germanica
Numero portafortuna: 2
Colore: Bianco
Pietra Simbolo: Diamante
Metallo: Oro
Onomastico: 9 aprile
Segno zodiacale corrispondente: Acquario

TANIA
Questo nome ha origine sabina, latinizzato in "Tatianus" e significa "figlio di Tatius". La donna che porta questo nome è ambiziosa, inquieta, intraprendente, uno spirito libero.
Origine: Latina
Numero portafortuna: 2
Colore: Viola
Pietra Simbolo: Topazio
Metallo: Rame
Onomastico: 12 gennaio
Segno zodiacale corrispondente: Capricorno

TATIANA
Chi porta questo nome è una persona ambiziosa ma dal carattere inquieto, che la porta a cambiare spesso idea.
Origine: Latina
Numero portafortuna: 2
Colore: Viola
Pietra Simbolo: Topazio
Metallo: Rame
Onomastico: 12 gennaio
Segno zodiacale corrispondente: Capricorno

TEA/TEO
Questo nome deriva dal greco, latinizzato in "Thea/Theo", e significa "Dea/Dio". Chi porta questo nome è una persona generosa ed altruista, a volte anche a discapito delle proprie esigenze.
Origine: Greca
Numero portafortuna: 9
Colore: Giallo
Pietra Simbolo: Topazio
Metallo: Mercurio
Onomastico: 25 luglio
Segno zodiacale corrispondente: Toro

TECLA
Questo nome ha origine germanica e significa "lucente". La portatrice di questo nome è una donna stravagante, con una personalità variopinta ed in continua evoluzione.
Origine: Germanica
Numero portafortuna: 8
Colore: Verde
Pietra Simbolo: Smeraldo
Metallo: Argento
Onomastico: 23 settembre
Segno zodiacale corrispondente: Vergine

TERENZIO
Questo nome deriva dall'antico sabino "Terentum" e significa "delicato, tenero". Il portatore di questo nome è una persona estremamente duttile, capace di adattarsi a tutte le situazioni ed agire di conseguenza.
Origine: Sabina
Numero portafortuna: 2
Colore: Blu
Pietra Simbolo: Zaffiro
Metallo: Oro
Onomastico: 15 luglio
Segno zodiacale corrispondente: Sagittario

TERESA
Questo nome ha origine greca e significa "cacciatrice". La donna che porta questo nome è una forza della natura, ama il rischio ed è sempre pronta a tutto.
Origine: Greca
Varianti femminili: Teresia, Teresina
Varianti maschili: Teresio, Teresino
Numero portafortuna: 7
Colore: Arancio
Pietra Simbolo: Berillo
Metallo: Ferro
Onomastico: 15 ottobre
Segno zodiacale corrispondente: Bilancia

TIBERIO
Questo nome deriva dal latino "Tiberius" e significa "proveniente dal Tevere". Chi porta questo nome è, solitamente, coraggioso, fedele e sincero.
Origine: Latina
Onomastico: 24 aprile
Segno zodiacale corrispondente: Pesci
Numero portafortuna: 9
Colore: Giallo

Pietra Simbolo: Topazio
Metallo: Rame

TIMOTEO
Questo nome deriva dal greco "Timoteos" e significa "che è stimato da Dio". Chi porta questo nome è una persona lunatica, ma buona e disponibile con tutti.
Origine: Greca
Numero portafortuna: 8
Colore: Blu
Pietra Simbolo: Zaffiro
Metallo: Argento
Onomastico: 26 gennaio
Segno zodiacale corrispondente: Vergine

TIZIANA/TIZIANO
Questo nome deriva dal latino "Titianus" che significa "difensore". Chi porta questo nome è una persona generosa e gentile ma, allo stesso tempo, seria e malinconica.
Origine: Latina
Ipocoristici maschili: Titino, Tizio
Ipocoristici femminili: Titti, Titania, Titina
Numero portafortuna: 9
Colore: Bianco
Pietra Simbolo: Diamante
Metallo: Argento
Onomastico: 26 gennaio e 3 marzo
Segno zodiacale corrispondente: Vergine

TOBIA
Questo nome deriva dall'ebraico "Tobijah" e significa "gradito al Signore". Chi porta questo nome è sempre attento, dolce e premuroso nei confronti delle persone a lui care.

Origine: Ebraica
Varianti maschili: Tobias, Tobiolo
Numero portafortuna: 8
Colore: Bianco
Pietra Simbolo: Diamante
Metallo: Ferro
Onomastico: 2 novembre
Segno zodiacale corrispondente: Leone

TOMMASO
Questo nome deriva dall'aramaico "Ta'oma'" o "Te'oma", latinizzato in "Thomas" e significa "gemello". Chi porta questo nome è una persona brava e molto intelligente, a volte, solitario e testardo.
Origine: Aramaica
Corrispettivo femminile: Tommasa
Varianti maschili: Tomaso, Tomasso
Varianti maschili alterate: Tommasino, Tomasino, Tomassino
Ipocoristici maschili: Maso, Masino, Massino, Masolino, Misino, Mino, Tom
Varianti femminili: Tomasa, Tomassa
Varianti femminili alterate: Tommasina
Ipocoristici femminili: Masina
Numero portafortuna: 2
Colore: Blu
Pietra Simbolo: Zaffiro
Metallo: Rame
Onomastico: 28 gennaio
Segno zodiacale corrispondente: Cancro

TOSCA
Questo nome deriva dal latino "Tuscus" e significa "toscano". La portatrice di questo nome è una donna felice, serena e soddisfatta di ciò che fa.
Origine: Latina
Numero portafortuna: 2

Colore: Giallo
Pietra Simbolo: Topazio
Metallo: Oro
Onomastico: 5 maggio
Segno zodiacale corrispondente: Ariete

TRISTANO

Questo nome ha origini celtiche, legate al nome "Drustan", e significa "tumulto". Chi possiede questo nome è una persona sensibile, molto presente e disponibile con le persone a cui vuole bene.
Origine: Celtica
Numero portafortuna: 2
Colore: Blu
Pietra Simbolo: Zaffiro
Metallo: Argento
Onomastico: 15 giugno
Segno zodiacale corrispondente: Capricorno

LETTERA U

UBALDO
Questo nome ha origini sassoni e deriva dai termini "Hyg" e "Bald", che significano complessivamente "forte soccorritore". Chi porta questo nome è una persona dotata di grande intuito ed intelligenza, generosa e paziente nel privato.
Origine: Sassone
Numero portafortuna: 1
Colore: Bianco
Pietra Simbolo: Rubino
Metallo: Ferro
Onomastico: 16 maggio
Segno zodiacale corrispondente: Cancro

UGO/UGA
Questo nome è basato sul termine germanico "hug" e significa "intelligente" o "persona perspicace". Chi porta questo nome è, generalmente, una persona prudente, riflessiva e, al contempo, dotata di forza di volontà.
Origine: Germanica
Varianti maschili alterate: Ghino, Ughino, Ugone, Ugolino, Ughetto, Uguccio, Uguccione,
Varianti femminili alterate: Ughina, Ugolina, Ughetta
Numero portafortuna: 9
Colore: Giallo
Pietra Simbolo: Ametista
Metallo: Mercurio
Onomastico: 1° aprile
Segno zodiacale: Acquario

ULDERICO
Questo nome deriva dal germanico "Hulderiche" e significa "potente nella clemenza". Chi porta questo nome è una persona profonda, riflessiva, attenta e precisa.
Origine: Germanica
Numero portafortuna: 1
Colore: Rosso
Pietra Simbolo: Rubino
Metallo: Ferro
Onomastico: 4 luglio
Segno zodiacale corrispondente: Ariete

ULISSE
Questo nome deriva dal greco "Odyssèos", latinizzato in "Ulixes", e significa "irritato". L'uomo che porta questo nome ha una personalità poliedrica, con una capacità di concentrazione bassa, quindi, a volte, risulta incostante.
Origine: Greca
Numero portafortuna: 2
Colore: Blu
Pietra Simbolo: Zaffiro
Metallo: Oro
Onomastico: 1° novembre
Segno zodiacale corrispondente: Gemelli

UMBERTO
Questo nome deriva dal termine germanico "Humberct", latinizzato in "Umbertus", e significa "guerriero famoso". Chi porta questo nome è una persona pacata, riflessiva, seria ma sempre cordiale ed affabile.
Origine: Germanica
Varianti alterate maschili: Umbertino
Corrispettivo femminile: Umberta
Varianti femminili alterate: Umbertina
Numero portafortuna: 2
Colore: Blu

Pietra Simbolo: Zaffiro
Metallo: Argento
Onomastico: 6 settembre
Segno zodiacale: Leone

URSULA
Questo nome ha origine dal latino "Ursus" con il significato di "piccola orsa". La portatrice di questo nome è una donna determinata, razionale, organizzata e difficilmente si dimostra flessibile.
Origine: Latina
Numero portafortuna: 7
Colore: Blu
Pietra Simbolo: Zaffiro
Metallo: Oro
Onomastico: 21 Ottobre
Segno zodiacale corrispondente: Sagittario

LETTERA V

VALENTINA/VALENTINO
Questo nome deriva dalla parola latina "valens" e significa "che ha valore". Chi porta questo nome è una persona dolce, affettuosa e generosa, che dice sempre la sua.
Origine: Latina
Ipocoristici maschili: Tino, Vale
Ipocoristici femminili: Tina, vale
Numero portafortuna: 7
Colore: Blu
Pietra Simbolo: Zaffiro
Metallo: Rame
Onomastico: 14 febbraio
Segno zodiacale corrispondente: Bilancia

VALERIA/VALERIO
Questo nome deriva dal termine latino "Valerius", cognomen della gens Valeria, che significa "forte e robusto". Chi porta questo nome è una persona ambiziosa, si annoia facilmente ed ha sempre bisogno di nuovi stimoli.
Origine: Latina
Varianti maschili: Valiero
Varianti maschili alterate: Valerino
Numero portafortuna: 2
Colore: Blu
Pietra Simbolo: Zaffiro
Metallo: Mercurio
Onomastico maschile: 29 gennaio e 14 giugno
Onomastico femminile: 28 aprile
Segno zodiacale corrispondente: Sagittario

VANESSA
Questo nome trae origine dallo scrittore inglese Jonathan Swift (autore de "I viaggi di Gulliver"). Chi porta questo nome è una persona alla mano, sempre gentile, che non ha grosse pretese.
Origine: Letteraria
Numero portafortuna: 9
Colore: Blu
Pietra Simbolo: Zaffiro
Metallo: Argento
Onomastico: 1° novembre
Segno zodiacale corrispondente: Cancro

VANIA
Questo nome è la variante del nome Ivan, deriva dall'ebraico "Yehoanan" e significa "Dio ha avuto misericordia". Chi possiede questo nome è una persona molto buona, gentile e comprensiva con gli altri.
Origine: Ebraica
Numero portafortuna: 6
Colore: Turchese
Pietra Simbolo: Pirite
Metallo: Oro
Onomastico: 1° novembre
Segno zodiacale corrispondente: Bilancia

VASCO
Questo nome potrebbe essere il diminutivo del nome spagnolo Velasco e significa "piccolo corvo". L'uomo che porta questo nome è uno spirito libero, istintivo e poco lungimirante.
Origine: Spagnola
Numero portafortuna: 2
Colore: Rosso
Pietra Simbolo: Rubino
Metallo: Oro
Onomastico: 1° novembre

Segno zodiacale corrispondente: Leone

VELIA
Questo nome deriva dal latino "Velius", nome di una antica città della Lucania, e significa "nativa di velia". La donna che porta questo nome è intelligente, sincera e leale.
Origine: Latina
Numero portafortuna: 6
Colore: Blu
Pietra Simbolo: Zaffiro
Metallo: Argento
Onomastico: 11 maggio
Segno zodiacale corrispondente: Acquario

VENERE
Questo nome, omonimo della dea della fertilità, deriva dal latino "Venerabilis" e significa "degna di essere venerata, donna rispettabile". Chi possiede questo nome è una persona piena di fascino, semplice e buona.
Origine: Latina
Numero portafortuna: 3
Colore: Nero
Pietra Simbolo: Topazio
Metallo: Piombo
Onomastico: 27 luglio
Segno zodiacale corrispondente: Scorpione

VERA
Questo nome deriva dal tedesco "War" e significa "protezione, difesa". Chi porta questo nome è una persona con una grande forza interiore, dolce e senza pretese.
Origine: Tedesca
Numero portafortuna: 7
Colore: Rosso

Pietra Simbolo: Rubino
Metallo: Rame
Onomastico: 24 gennaio
Segno zodiacale corrispondente: Bilancia

VERDIANA
Questo nome deriva dall'aggettivo latino "viridis" e significa "fresca, giovanile". Chi porta questo nome è una persona sincera, razionale ed in contrasto con le persone che non lo sono.
Origine: Latina
Numero portafortuna: 6
Colore: Verde
Pietra Simbolo: Smeraldo
Metallo: Oro
Onomastico: 1° febbraio
Segno zodiacale corrispondente: Sagittario

VERONICA
Questo nome deriva dal greco antico "Berenìke", e significa complessivamente "portatrice di vittoria". Chi porta questo nome è una donna bella ma insicura, facilmente influenzabile.
Origine: Greca
Corrispettivo maschile: Veronico
Numero portafortuna: 9
Colore: Blu
Pietra Simbolo: Zaffiro
Metallo: Argento
Onomastico: 9 luglio
Segno zodiacale corrispondente: Cancro

VINCENZO/VINCENZA
Questo nome deriva dal latino "Vincentius" e significa "colui che vince, conquista". Chi porta questo nome ha una personalità molto sensibile, istintiva e sempre disponibile.
Origine: Latina
Corrispettivo femminile: Vincenza
Varianti maschili: Vincente, Vicenzo, Vincenzio
Varianti maschili alterate: Vincenzino, Vicenzino
Ipocoristici maschili: Cencio, Enzo, Vince, Venzo, Cenzo, Censo, Cenzino, Censino
Varianti femminili: Vicenza
Varianti femminili alterate: Vincenzina, Vincenzetta
Ipocoristici femminili: Enza, Cencia, Zina
Numero portafortuna: 6
Colore: Rosso
Pietra Simbolo: Rubino
Metallo: Oro
Onomastico: 22 gennaio
Segno zodiacale corrispondente: Pesci

VINICIO
Questo nome deriva dal latino e significa "amico del vino". Chi porta questo nome è forte e deciso, si batte per difendere gli affetti a lui più cari, senza mai tirarsi indietro.
Origine: Latina
Numero portafortuna: 4
Colore: Rosso
Pietra Simbolo: Rubino
Metallo: Ferro
Onomastico: 1° novembre
Segno zodiacale corrispondente: Pesci

VIOLA
Questo nome deriva dal termine greco "ion" il cui significato è appunto "viola" o "fiore blu scuro". Chi porta questo nome è una persona capace di ammaliare, di ottenere ciò che vuole con poco.
Origine: Greca
Varianti alterate: Violetta
Numero portafortuna: 5
Colore: Blu
Pietra Simbolo: Zaffiro
Metallo: Oro
Onomastico: 3 maggio
Segno zodiacale corrispondente: Bilancia

VIRGINIA/VIRGINIO
Questo nome deriva dall'etrusco "Vercna", latinizzato in "Verginus", e significa "pronta per il matrimonio". Chi porta questo nome ha generalmente un'anima inquieta e compassionevole, sicura di sé ed in continua ricerca della conoscenza.
Origine: Etrusca
Corrispettivo maschile: Virginio
Varianti femminili: Verginia
Ipocoristico femminile: Virna
Numero portafortuna: 8
Colore: Verde
Pietra Simbolo: Ametista
Metallo: Platino
Onomastico femminile: 7 maggio
Onomastico maschile: 22 aprile
Segno zodiacale corrispondente: Capricorno

VITO
Questo nome deriva dal termine latino "Vitus" che significa "vita". Chi porta questo nome è difficilmente influenzabile e fa del coraggio e della generosità le sue armi migliori.

Origine: latina
Corrispettivo femminile: Vita
Varianti femminili alterate: Vitina
Numero portafortuna: 3
Colore: Giallo
Pietra Simbolo: Zaffiro
Metallo: Argento
Onomastico: 15 giugno
Segno zodiacale corrispondente: Leone

VITTORIA/VITTORIO
Questo nome deriva dal latino "victoria" il cui significato è, appunto "vittoria". Chi porta questo nome è una persona cordiale, allegra, instancabile e generosa.
Origine: Latina
Varianti maschili: Vittore, Vettore
Varianti maschili alterate: Vittorino
Nomi composti maschili: Vittorio Emanuele
Varianti femminili alterate: Vittorina
Numero portafortuna: 6
Colore: Verde
Pietra Simbolo: Smeraldo
Metallo: Ferro
Onomastico maschile: 21 maggio
Onomastico femminile: 23 dicembre
Segno zodiacale corrispondente: Pesci

VIVIANA
Questo nome è di origine latina e significa "che ha vita". Chi porta questo nome è una persona caratterizzata da grande vitalità, personalità ed energia.
Origine: Latina
Corrispettivo maschile: Viviano
Varianti femminili: Bibiana, Vivianna
Numero portafortuna: 8

Colore: Giallo
Pietra Simbolo: Pirite
Metallo: Argento
Onomastico: 2 dicembre
Segno zodiacale corrispondente: Bilancia

LETTERA W

WALTER
Questo nome ha origini germaniche e significa "comandante dell'esercito". Chi porta questo nome ha sempre la testa sulle spalle e agisce spesso solo dopo aver ragionato intensamente.
Origine: Germanica
Varianti maschili: Gualtiero, Valter, Valtero, Valtere, Valterio, Waltiero, Valtiero.
Forme alterate maschili: Valterino, Walterino.
Varianti femminili: Waltera, Valtera, Valteria.
Forme alterate femminili: Walterina, Valterina
Numero portafortuna: 9
Colore: Arancione
Pietra Simbolo: Ametista
Metallo: Ferro
Onomastico: 5 giugno e 2 agosto
Segno zodiacale corrispondente: Sagittario

WANDA
Questo nome di origine germanica deriva da "wendel" il cui significato è "che appartiene al popolo dei Venedi". Chi porta questo nome è di animo nobile e gentile, sempre disponibile ad aiutare gli altri.
Origine: Germanica
Varianti maschili: Wando, Vando
Varianti femminili: Vanda
Numero portafortuna: 8
Colore: Verde
Pietra Simbolo: Smeraldo
Metallo: Argento
Onomastico: 1° novembre

Segno zodiacale corrispondente: Acquario

WENDY
Questo nome ha origine gallese e significa "luminosa". La donna che porta questo nome è esigente, pretende tanto dagli altri e, ancor di piu, da sé stessa.
Origine: Gallese
Numero portafortuna: 3
Colore: Verde
Pietra Simbolo: Smeraldo
Metallo: Ferro
Onomastico: 14 ottobre
Segno zodiacale corrispondente: Acquario

WILLIAM
Questo nome deriva dal germanico "Willahelm" e significa "uomo protetto dalla volontà". Chi porta questo nome possiede molto talento, grazie al quale può raggiungere qualsiasi obiettivo.
Origine: Germanica
Varianti maschili: Will, Bill, Billy, Willie, Willy, Bilson, Liam, Willem
Numero portafortuna: 9
Colore: Arancio
Pietra Simbolo: Ametista
Metallo: Ferro
Onomastico: 10 febbraio
Segno zodiacale corrispondente: Sagittario

WILMA
Questo nome deriva dal germanico "Willahelm" e significa "donna protetto dalla volontà". Chi porta questo nome possiede molto talento, grazie al quale può raggiungere qualsiasi obiettivo
Origine: Germanica
Numero portafortuna: 9
Colore: Arancio

Pietra Simbolo: Ametista
Metallo: Ferro
Onomastico: 19 settembre
Segno zodiacale corrispondente: Sagittario

LETTERA X

XENIA
Questo nome deriva dal termine greco "xenos" che significa "ospitale". La donna che porta questo nome è creativa e sempre piena di idee, pronta a dare il massimo per conseguire i suoi obiettivi.
Origine: Greca
Numero portafortuna: 9
Colore: Arancio
Pietra Simbolo: Ambra
Metallo: Argento
Onomastico: 24 gennaio
Segno zodiacale corrispondente: Bilancia

XAVIER
Questo nome è la variante straniera di Saverio e significa "casa nuova". Chi porta questo nome è una persona semplice ed attiva, anche se spesso ansiosa.
Origine: Spagnola
Varianti maschili: Zaverio, Saverino
Varianti femminili: Saveria, Saverina
Numero portafortuna: 7
Colore: Blu
Pietra Simbolo: Zaffiro
Metallo: Ferro
Onomastico: 31 gennaio
Segno zodiacale corrispondente: Capricorno

LETTERA Y

YARA
Questo nome è di origine araba e significa "piccola farfalla". Chi porta questo nome è umile e sensibile, genuina, cordiale e tranquilla.
Origine: Araba
Numero portafortuna: 4
Colore: Azzurro
Pietra Simbolo: Acquamarina
Metallo: Argento
Onomastico: 1° novembre
Segno zodiacale corrispondente: Acquario

YASMINE
Questo nome deriva dal persiano "yasmin", termine usato per indicare la pianta di gelsomino. La donna che porta questo nome è delicata e mai indiscreta.
Origine: Persiana
Numero portafortuna: 3
Colore: Blu
Pietra Simbolo: Giada
Metallo: Bronzo
Onomastico: 1° novembre
Segno zodiacale corrispondente: Vergine

YURI
Questo nome deriva dal greco "georgos" e significa "agricoltore". Chi porta questo nome è una persona seria, cordiale e pacata, senza alcun pregiudizio.
Origine: Greca
Numero portafortuna: 4

Colore: Giallo
Pietra Simbolo: Topazio
Metallo: Rame
Onomastico: 23 aprile
Segno zodiacale corrispondente: Scorpione

LETTERA Z

ZACCARIA
Questo nome deriva dall'aramaico "Zacharyah" e significa "memoria di Dio". Chi possiede questo nome è una persona poliedrica, che mescola le caratteristiche in modo da ottenere ciò che vuole.
Origine: Ebraica
Numero portafortuna: 7
Colore: Blu
Pietra Simbolo: Zaffiro
Metallo: Argento
Onomastico: 15 marzo
Segno zodiacale corrispondente: Capricorno

ZAIRA
Questo nome deriva dall'arabo "Zahirah" e significa "la rosa". La donna che porta questo nome è gentile e sempre disponibile ad ascoltare chi le sta accanto.
Origine: Araba
Variante femminile: Zara
Numero portafortuna: 6
Colore: Verde
Pietra Simbolo: Smeraldo
Metallo: Oro
Onomastico: 21 ottobre
Segno zodiacale corrispondente: Pesci

ZENO
Questo nome deriva dall'antico greco "Zenon", tratto dal dio Zeus, e significa "dono di Zeus". Chi porta questo nome è una persona molto

riflessiva, diligente e tollerante, antipatico quando ostenta agli altri la propria sicurezza.
Origine: Greca
Varianti alterate maschili: Zenone, Zenio
Varianti alterate femminili: Zenia, Zena, Zenonella
Numero portafortuna: 6
Colore: Verde
Pietra Simbolo: Smeraldo
Metallo: Oro
Onomastico: 12 aprile
Segno zodiacale corrispondente: Pesci

ZOE

Questo nome deriva dalla parola greca "zoe" e significa "essenza della vita". Chi porta questo nome è una persona estremamente libera, spesso poco affidabile tuttavia, vivace ed entusiasta.
Origine: Greca
Varianti femminili: Zoella, Zòsima
Varianti maschili: Zoello, Zòsimo
Numero portafortuna: 1
Colore: Blu
Pietra Simbolo: Zaffiro
Metallo: Argento
Onomastico: 2 maggio e 5 luglio
Segno zodiacale corrispondente: Gemelli

Sei in cerca di un tuo diario di gravidanza per ricordare tutti i bellissimi ricordi?
Ti basterà scannerizzare questo QR code!

DIARIO DI GRAVIDANZA DA COMPILARE:
Per rendere la tua dolce attesa piacevole e indimenticabile - Perfetto come idea regalo

Sei in cerca di un diario per il nuovo nascituro?
<u>Ti basterà scannerizzare questo QR code!</u>

DIARIO PER NEONATI:
Diario della nascita per neonato maschio o femmina - Per il suo primo anno di vita - Per il suo allattamento, ricordi e molto altro

Printed in Great Britain
by Amazon